数字赋能的城市休闲经济高质量发展与推进研究

方龄萱　著

中国商业出版社

图书在版编目（CIP）数据

数字赋能的城市休闲经济高质量发展与推进研究 / 方龄萱著. -- 北京 : 中国商业出版社, 2025. 2.

ISBN 978-7-5208-3325-7

Ⅰ. F299.2; F126.1

中国国家版本馆 CIP 数据核字第 2025X0N317 号

责任编辑：许启民

策划编辑：武维胜

中国商业出版社出版发行

（www.zgsycb.com　100053　北京广安门内报国寺 1 号）

总编室：010-63180647　编辑室：010-83128926

发行部：010-83120835/8286

新华书店经销

北京厚诚则铭印刷科技有限公司印刷

*

710 毫米×1000 毫米　16 开　7.75 印张　110 千字

2025 年 2 月第 1 版　2025 年 2 月第 1 次印刷

定价：68.00 元

* * * *

（如有印装质量问题可更换）

前 言

随着科技的飞速发展，数字化浪潮席卷全球并深刻改变着人们的生活方式和消费习惯。数字技术的广泛应用，为城市休闲经济注入新的活力，推动其创新与转型升级。本书基于这一时代背景，深入探讨数字化如何赋能城市休闲经济，推动其走向高质量发展的路径。

本书将探讨城市休闲经济的本质属性和构成要素，这是探究休闲经济基础的一把钥匙。接下来，将从历史角度审视城市休闲经济的发展脉络，探寻其发展的内在规律和未来趋势。城市休闲经济的发展历程充满曲折与变革，但总体趋势是向更高质量、更多元化的方向发展。在数字化推动下，休闲经济的产业链将得到重塑，数字化基础设施的建设与优化将成为关键一环。数据驱动将贯穿休闲经济的决策、优化、营销等多个环节，成为推动休闲经济发展的新动力。本书将展望未来城市休闲经济的发展趋势，并提出推动高质量发展的策略与建议。

本书旨在为读者提供一部探讨城市休闲经济与数字化融合发展的专著。希望通过本书的阐述和分析，能帮助读者更好地理解城市休闲经济的本质和发展规律，把握数字化时代下的新机遇，共同推动城市休闲经济走向更加繁荣和可持续的未来。

目 录

第一章 城市休闲经济的基石

第一节 城市休闲经济的本质属性

一、城市休闲经济的核心定义

（一）休闲经济的概念

休闲经济是指建立在休闲大众化基础之上，由休闲消费需求和休闲产品供给共同构筑的一种特殊经济形态。这种经济形态在现代社会中占据着越来越重要的地位，它不仅关乎个体的生活质量，也与社会经济结构和文化发展紧密相连。对休闲经济进行深入探讨，不仅有助于理解当代社会经济的新动态，而且也能为休闲产业的持续健康发展提供理论支持和实践指导。

休闲经济的核心在于“休闲”，而休闲的本质是对自由时间的支配和利用。在快节奏、高压力的现代社会中，休闲成为一种稀缺资源，人们对休闲的需求也愈发强烈。休闲经济正是基于这种需求而生，它提供了一系列的社会休闲产品、休闲设施以及相关的服务，旨在满足人们在工作和学习之余的放松、娱乐和享受的需求。

从消费需求的角度来看，休闲经济是市场经济条件下的一种重要经济现象。随着人们生活水平的提高和闲暇时间的增多，休闲消费逐渐成为一种新的消费热点。人们不再仅仅满足于基本的物质生活需求，而是开始追求更高层次的精神满足。这种转变在休闲消费上表现得尤为明显，从简单的观光旅游到深度的文化体验，从单一的娱乐活动到多元化的休闲方式，都体现了人们对休闲品质的不断追求。

在休闲产品的供给方面，休闲经济也呈现出了多样化和个性化的特点。休闲产品不仅包括传统的旅游景点、娱乐场所等，还涵盖了文化创意产品、体育赛事、健康养生等新兴领域。这些产品的开发和推广，不仅丰富了人们的休闲选择，也为休闲产业的发展注入了新的活力。同时，随着科技的进步和创新，休闲产品的形态和服务模式也在不断发生变革，如虚拟现实技术的应用、智能化服务的推广等，都为人们提供了更加便捷、高效的休闲体验。

休闲经济在推动社会经济发展方面也具有不可忽视的作用。一方面，休闲产业的发展能够创造大量的就业机会，促进经济的增长。随着休闲产业的不断壮大，其对人才的需求也日益旺盛，这不仅为社会提供了更多的就业岗位，也为人才的培养和发展提供了新的机遇。另一方面，休闲经济还能带动相关产业的发展，如旅游、餐饮、住宿等，从而形成产业链条的良性循环。

休闲活动往往与文化紧密相连，通过参与各种休闲活动，人们不仅能够放松身心，还能在潜移默化中接受文化的熏陶和洗礼。同时，休闲产业也为文化的传承和创新提供了广阔的平台，如通过文化创意产品的开发和推广，不仅能够满足人们的审美需求，还能促进文化的传播和发展。休闲经济的发展也面临着一些挑战和问题，如休闲资源的合理配置和利用问题、休闲产业的规范化管理问题、休闲服务质量的提高问题等。这些问题的存在不仅影响了休闲经济的健康发展，也制约了人们休闲生活质量的提高。因此，加强对休闲经济的研究和探讨，对于推动其持续健康发展具有重要意义。

休闲经济作为一种新兴的经济形态，在现代社会中占据着越来越重要的地位。它不仅关乎个体的生活质量，也与社会经济结构和文化发展紧密相连。通过对休闲经济的深入研究和分析，我们可以更好地理解当代社会经济的新动态，为休闲产业的持续健康发展提供有力的理论支持和实践指导。同时，我们也应看到休闲经济发展中存在的挑战和问题，积极探索解决之道，以推动休闲经济走向更加繁荣和可持续的未来。

（二）休闲经济产生的背景

休闲经济的产生与发展，紧密地植根于特定的社会经济背景之中。在后工业化社会的浪潮下，休闲经济逐渐崭露头角，并日益显现出其在社会经济体系中的重要地位。这一变革，既反映了人类社会生产力的发展，也体现了人们对生活质量追求的提高。

后工业化社会的一个重要特征是生产效率的显著提高，这使得人们在工作日内能够完成更多的生产任务，从而释放出更多的闲暇时间。与此同时，随着经济的持续增长和财富的积累，人们手中的剩余财富也逐渐增多。闲暇时间的增加和剩余财富的积累，共同构成了休闲经济发展的物质基础和社会条件。

闲暇时间的增多为人们提供了更多参与休闲活动的机会。人们不再仅局限于满足基本的生存需求，而是开始追求更高层次的精神满足和文化享受。这种转变在休闲消费上表现得尤为明显，人们开始将更多的时间和金钱投入到旅游、娱乐、文化等休闲活动中，以寻求身心的放松和愉悦。

剩余财富的积累则为人们参与休闲活动提供了更多的经济支持。随着生活水平的提高，人们对休闲生活的品质要求也在不断提升。他们愿意为高品质的休闲产品和服务买单，以追求更加精致和个性化的休闲体验。这种消费需求的升级，进一步推动了休闲经济的发展。

除了闲暇时间和剩余财富的增加，消费观念的转变也是推动休闲经济发展的重要因素。随着社会的进步和文化的繁荣，人们的消费观念逐渐从单一的物质消费向多元化的精神消费转变。他们开始更加注重生活的品质和幸福感，而休闲活动正是提升生活品质和幸福感的重要途径之一。因此，人们对休闲生活的需求也日益增长，为休闲经济的发展提供了源源不断的动力。

此外，全球化进程的加速也为休闲经济的发展带来了新的机遇。随着国际交流的日益频繁，不同文化之间的碰撞与融合为休闲产业注入了新的活力。人们开始追求更加多元化和国际化的休闲体验，这为休闲产业的创新和发展提供了广阔的空间。

在这样的背景下，休闲经济的发展呈现出蓬勃的态势。它不仅为人们提供了丰富多彩的休闲产品和服务，还为社会经济的增长注入了新的活力。休闲产业的崛起也带动了相关产业的发展，如旅游、餐饮、住宿等，从而形成了完整的产业链条。同时，休闲经济还为社会创造了大量的就业机会，为经济的稳定增长提供了有力的支撑。

然而，休闲经济的发展也面临着一些挑战。随着市场竞争的加剧，休闲产业需要不断创新和提高服务质量，以满足消费者日益多样化的需求。同时，休闲经济的发展也需要与环境保护和社会责任相协调，以实现可持续发展。

为了应对这些挑战，政府、企业和社会各界需要共同努力。政府应加强对休闲产业的规划和监管，制定合理的产业政策，为休闲经济的发展提供良好的制度环境。企业应注重创新和品牌建设，提高产品和服务的质量，以满足消费者的需求。同时，社会各界也应加强对休闲经济的宣传和推广，提高公众对休闲生活的认识和参与度。

（三）休闲经济的构成要素

1.休闲消费需求

休闲消费需求作为休闲经济的核心驱动力，其重要性和影响力在当今社会中愈发凸显。随着人们生活水平的提高，对于休闲产品和服务的追求已经不仅局限于基本的消遣和娱乐，而是向着更高层次、更多元化的方向发展。这种转变不仅体现在对休闲产品数量和种类的增长需求上，更体现在对休闲产品质量和品位的提高要求上。

在现代社会，随着经济的持续发展和人们生活质量的显著提高，休闲消费需求已经逐渐成为推动休闲经济发展的关键力量。这种需求不仅反映了人们对于精神文化生活的渴望，更体现了他们对于高品质生活的不断追求。休闲不再是一个简单的消遣方式，而是成为一种生活态度，一种对于美好生活的向往和追求。

从数量上来看，人们对于休闲产品的需求呈现出明显的增长趋势。随着工作节奏的加快和生活压力的增大，人们更加珍视闲暇时光，希望在有限的时间内能够体验到更多的休闲活动。因此，无论是旅游景点、娱乐场所，还是文化创意产品、体育赛事等，都受到了广泛的关注和追捧。这种多元化的休闲选择不仅丰富了人们的生活，也为休闲产业的发展带来了无限的商机。

在种类方面，人们对于休闲产品的需求也日趋多样化。传统的休闲方式，如旅游、观影等虽然仍然受到欢迎，但新兴的休闲活动，如户外运动、电子竞技、养生度假等也逐渐受到了人们的青睐。这些新兴的休闲方式不仅满足了人们的好奇心和探索欲，更为他们提供了全新的休闲体验。这种多样化的休闲需求也促进了休闲产业的不断创新和发展，为消费者提供了更加丰富多彩的休闲选择。

休闲消费需求的增长并不仅仅停留在数量和种类上，更重要的是对于休闲产品质量和品位的提高要求。随着人们生活品位的提高和消费观念的转变，他们不再满足于简单的消遣和娱乐，而是开始追求更高品质、更有文化内涵的休闲产品和服务。这种转变不仅体现在对休闲产品外观和性能的要求上，更体现在对产品背后所蕴含的文化价值和精神内涵的追求上。为了满足人们对于休闲产品质量和品位的提高要求，休闲产业也在不断努力和创新。一方面，企业开始注重产品的研发和设计，通过引入先进的技术和创新的理念，打造出更加精美、实用的休闲产品；另一方面，企业也在积极挖掘和传承传统文化，将文化元素融入休闲产品和服务中，从而提高产品的文化内涵和品位。这种融合不仅让人们在享受休闲时光的同时感受到传统文化的魅力，也为休闲产业的发展注入了新的活力和动力。

随着市场竞争的加剧和消费者需求的多样化，休闲产业需要不断创新和改进，以适应市场的变化和满足消费者的需求。这种创新和改进不仅体现在产品和服务的升级上，更体现在产业结构的优化和商业模式的创新上。通过引入新的技术和理念，休闲产业正在逐步实现从传统向现代的转型，为消费者提供更加便捷、高效的休闲体验。休闲消费需求作为休闲经济的驱动力，在推动休闲经济发展的过程中发挥着至关重要的作用。随着人们生活水平的提高和消费观念的转变，这种需求将继续保持强劲的增长势头，为休闲产业的发展带来更加广阔的市场空间和发展机遇。同时，休闲产业也需要不断创新和改进，以适应市场的变化和满足消费者的多元化需求，实现健康、可持续的发展。

2.休闲产品供给

休闲产品供给在满足休闲消费需求中扮演着举足轻重的角色。休闲产品，作为满足人们精神文化生活需求的重要载体，其种类丰富多样，既包括物质产品，也涵盖精神产品。这些产品的设计与提供，必须精准把握消费者的需求与偏好，以实现市场供需的高效匹配。

在物质产品方面，旅游景点、娱乐设施等是其中的典型代表。这些产品的设计，需要深入挖掘消费者的旅游和娱乐需求，结合地域文化和自然资源特色，打造出独具特色的旅游和娱乐项目。例如，针对家庭游客，可以设计亲子互动性强的景点和设施，如儿童乐园、动物园等，而对于追求刺激和冒险的年轻人，则可以提供攀岩、漂流等户外运动项目。此外，随着科技的进步，虚拟现实（VR）和增强现实（AR）等技术的应用也为休闲物质产品带来了创新的可能，为消费者提供更加沉浸式的体验。

精神产品则主要体现在各种文化活动上，如音乐会、戏剧表演、艺术展览等。这些活动的设计，旨在满足消费者对美的追求和对文化的渴望。在策划文化活动时，应充分考虑目标受众的审美情趣和文化背景，选择合适的艺术形式和表现手法。同时，为了增强活动的互动性和吸引力，还可以引入观众参与环节，如现场投票、互动问答等。这样不仅能提升观众的参与感，还能进一步拉近艺术与生活的距离。

在实现供需有效对接方面，休闲产品供给需要做到以下几点：首先，要深入市场调研，了解消费者的真实需求和偏好。这可以通过问卷调查、大数据分析等方式来实现，以便更精准地把握市场动态。其次，要注重产品的差异化和个性化设计。在激烈的市场竞争中，只有独具特色的产品才能脱颖而出，吸引消费者的目光。因此，休闲产品供给应充分挖掘自身的资源优势，结合消费者的需求，打造出别具一格的产品。最后，要关注消费者的反馈和评价。消费者的满意度是衡量产品成功与否的重要标准。通过收集和分析消费者的反馈意见，可以及时发现产品存在的问题和不足，进而进行有针对性的改进和优化。

在追求经济效益的同时，必须兼顾社会效益和环境效益。这要求休闲产品在设计和提供过程中，要充分考虑资源的合理利用和环境的保护。例如，在旅游景点的开发中，应尽量减少对自然环境的破坏，保持生态平衡；在文化活动的策划中，应注重传承和弘扬优秀传统文化，提升公众的文化素养。同时，随着全球化的深入发展，休闲产品供给还应具备国际视野。通过引入国际先进的休闲理念和管理模式，结合本土特色，打造出具有国际竞争力的休闲产品。这不仅可以满足国内消费者的多元化需求，还能吸引更多的国际游客，推动休闲产业的国际化发展。

3.休闲空间

休闲空间作为休闲经济活动的重要载体，其在城市生活中扮演着举足轻重的角色。城市休闲空间，特指那些为城市居民提供休息、娱乐、游憩、运动、观赏及社交等多元化活动的城市公共空间。这些空间不仅是物理意义上的场所，更是城市文化和历史底蕴的承载者，反映了城市的特色与魅力。

城市休闲空间具有多样性，包括公园、广场、步行街、体育场馆、文化中心等多种形式。每一种空间类型都承载着不同的休闲功能和文化内涵。例如，公园是城市居民进行自然观赏、健身运动和亲子活动的理想场所，同时也是展示城市绿化和生态保护成果的重要窗口。广场则常常成为市民集会、文化表演和庆祝活动的中心，体现了城市的活力和多元文化特色。一个设计合理的休闲空间能够吸引人们走出家门，参与到各种休闲活动中去，从而增进身心健康、丰富精神生活。同时，这些空间也是社交活动的重要场所，人们在这里结交朋友，交流信息，增强社区的凝聚力和归属感。

除了满足居民的休闲需求，城市休闲空间还承载着传承和展示城市文化和历史的重要任务。许多城市都有其独特的历史遗迹和文化传统，这些都可以通过休闲空间的设计和布置得到体现。例如，在休闲空间中融入当地的历史元素和文化符号，不仅可以提升空间的文化品位，还能让居民和游客在休闲的同时，感受到城市的独特魅力和历史底蕴。随着城市化进程的加速，城市休闲空间也面临着诸多挑战。一方面，城市人口的快速增长导致休闲空间的需求不断增加，而土地资源的有限性使得新增休闲空间变得困难；另一方面，现有的休闲空间在设施维护、环境保护和管理服务等方面也存在不少问题，影响了居民的使用体验和满意度。

为了应对这些挑战，城市管理者需要采取一系列措施来优化和提高城市休闲空间的质量。首先，应加大投入，完善休闲空间的硬件设施，如增加座椅、照明、卫生间等便民设施，提高空间的舒适度和便利性。其次，要加强空间的绿化和美化工作，营造宜人的自然环境，让居民在休闲的同时享受大自然的恩赐。再次，要注重空间的文化建设，通过举办各种文化活动和展览，丰富空间的文化内涵，提升居民的文化素养。儿童、青少年、成年人以及老年人等不同年龄段的人群对于休闲活动的需求和偏好各不相同。因此，休闲空间的设计应充分考虑这些差异，提供多样化的休闲设施和活动项目，以满足各类人群的需求。例如，可以设置儿童游乐区、青少年运动场地、老年人健身设施等，打造全龄友好的休闲环境。

在休闲空间的建设和管理过程中，应注重资源的节约和环境的保护，推动绿色休闲理念的实施。例如，可以利用可再生能源进行照明和灌溉，减少能源消耗；采用生态友好的材料进行空间装饰和设施建设，降低对环境的负面影响。城市休闲空间作为城市居民进行休闲活动的重要场所，其规划、设计和管理对于提高城市居民的生活质量、传承城市文化和历史以及推动城市的可持续发展具有重要意义。未来，随着人们对休闲生活品质的追求不断提高，城市休闲空间将会发挥更加重要的作用，成为城市生活中不可或缺的一部分。

（四）休闲经济在城市经济发展中的作用

1.推动城市经济发展

休闲经济作为现代城市经济体系中的重要组成部分，其对于城市经济发展的推动作用不容忽视。随着社会的进步和人们生活水平的提高，休闲经济在国民经济中的地位日益凸显，成为推动城市经济发展的新动力。休闲经济的发展能够直接带动城市经济的增长，这一点通过提供丰富的休闲产品和服务得以实现。休闲产品和服务涵盖了旅游、娱乐、文化、体育等多个领域，为消费者提供了广泛的选择。这些产品和服务不仅满足了人们的精神文化需求，更在消费过程中为城市带来了可观的经济收入。具体来说，旅游业是休闲经济中的支柱产业之一。随着国内外旅游的兴起，越来越多的游客选择前往各个城市旅游观光。这不仅为城市带来了门票收入、住宿收入和餐饮收入等直接经济效益，还拉动了交通、零售等相关行业的发展。特别是在旅游旺季，大量游客的涌入对城市经济的推动作用更为明显。

除了旅游业，娱乐产业也是休闲经济的重要组成部分。电影院、游乐园、KTV 等娱乐场所为消费者提供了多样化的休闲方式。人们在享受娱乐服务的同时，也为城市带来了消费收入。这些娱乐场所的经营者通过不断创新和改进服务，吸引更多消费者前来消费，从而进一步推动了城市经济的发展。文化产业在休闲经济中的地位也日益重要。博物馆、图书馆、剧院等文化场所为消费者提供了丰富的文化产品和服务。人们通过参观博物馆、欣赏音乐会等方式提升自己的文化素养，同时也为城市带来了文化消费的收入。文化产业的发展不仅推动了城市经济的发展，还提升了城市的文化软实力。随着人们健康意识的提高，越来越多的人参与体育活动。健身房、游泳馆、球场等体育场所的兴起，为消费者提供了锻炼身体的场所和机会。人们在享受体育服务的同时，也为城市带来了体育消费的收入。体育产业的发展不仅促进了城市经济的增长，还提高了城市居民的身体素质和健康水平。

休闲经济的发展对于城市经济的发展具有多方面的积极作用。首先，它促进了城市就业的增加。休闲产业的发展为城市创造了大量的就业机会，包括直接就业和间接就业。这不仅缓解了城市的就业压力，还提高了居民的收入水平。其次，休闲经济的发展推动了城市产业结构的优化升级。随着休闲产业的不断发展壮大，它与其他产业之间的融合也日益加深，从而推动了城市产业结构的多元化和高级化。最后，休闲经济的发展还提升了城市的品牌形象和知名度。一个拥有丰富休闲资源和发达休闲产业的城市往往能够吸引更多的游客和投资者前来，从而进一步推动了城市经济的发展。休闲经济的发展也面临着一些挑战和问题。例如，休闲产品和服务的质量参差不齐，市场竞争激烈，消费者需求多样化等。为了应对这些挑战和问题，城市需要采取一系列措施来促进休闲经济的可持续发展。这包括加强休闲产品和服务的质量监管、推动休闲产业的创新发展、加强市场营销和品牌建设等。通过这些措施的实施，可以进一步提高休闲经济的发展水平，为城市经济的发展注入新的动力。

休闲经济作为现代城市经济体系中的重要组成部分，其发展对于城市经济的发展具有积极的推动作用。通过提供丰富的休闲产品和服务，吸引消费者进行消费，从而增加城市的经济收入。未来随着人们生活水平的提高和消费观念的转变，休闲经济将会迎来更加广阔的发展空间和市场前景。因此，城市应充分认识到休闲经济发展的重要性，并积极采取措施促进其可持续发展，为城市经济的繁荣作出更大的贡献。

2.促进城市就业

休闲经济的发展对于城市就业市场的推动作用是不可忽视的。这一经济的发展涵盖了休闲产品的设计、生产、销售以及休闲服务等诸多环节，每一个环节都孕育着大量的就业机会，为城市居民提供了广阔的职业发展空间。在休闲产品的设计环节，随着消费者对休闲产品品质和设计感的要求不断提高，设计人才的需求也日益增长。产品设计师们运用创意和专业知识，为消费者带来新颖、独特的休闲产品，满足其个性化、多样化的需求。这不仅为设计师们提供了展示才华的舞台，同时也拉动了设计行业的蓬勃发展。

休闲产品的生产环节同样创造了大量的就业岗位。随着休闲市场的不断扩大，各类休闲产品的生产需求也随之增加。无论是旅游纪念品、娱乐设备还是文化产品，其生产过程中都需要大量的技术工人、生产管理人员等。这些岗位不仅为城市居民提供了稳定的就业机会，还有助于提升他们的专业技能和职业素养。在休闲产品的销售环节，随着电商、实体店等销售渠道的不断拓宽，销售人才的需求也日益旺盛。销售人员通过与消费者的沟通与交流，将休闲产品推广给更多人，不仅锻炼了自身的沟通能力和销售技巧，也为休闲经济的发展注入了活力。

休闲服务环节更是吸纳了大量劳动力。在旅游景点、娱乐场所、文化机构等地，服务人员为消费者提供优质的服务体验，满足他们在休闲过程中的各种需求。这些服务岗位不仅门槛相对较低，而且具有较大的发展空间，为城市居民提供了多样化的就业选择。休闲经济的发展所带来的就业机会，对于缓解城市的就业压力具有重要意义。随着城市化进程的加快和人口的不断增长，城市就业问题日益突出。而休闲经济的发展为城市提供了新的经济增长点，同时也为城市居民提供了更多的就业机会。这些岗位涵盖了各个行业和领域，无论是高学历的专业人才还是普通劳动者，都能在休闲经济中找到适合自己的发展平台。

随着就业机会的增加，城市居民的收入水平也得到了相应提高。这不仅有助于提高他们的生活质量，还能进一步拉动城市消费市场的繁荣。同时，休闲经济的发展也推动了城市基础设施的完善和服务水平的提高，为城市居民创造了更加宜居的生活环境。然而，也应看到休闲经济发展中可能存在的问题和挑战。例如，行业竞争激烈、人才短缺、服务质量参差不齐等。为了推动休闲经济的持续发展，城市需要制定科学合理的规划和政策，加强人才培养和引进，提高服务质量和管理水平。同时，还应注重保护消费者的权益，营造公平、诚信的市场环境。休闲经济的发展为城市创造了大量的就业机会，对缓解城市就业压力和提高城市居民生活水平发挥了积极作用。未来随着休闲市场的不断扩大和消费者需求的持续升级，休闲经济将会迎来更加广阔的发展前景。因此，城市应充分利用这一机遇，推动休闲经济的持续发展，为城市居民创造更多的就业机会和更好的生活环境。

3.提升城市形象和文化品位

休闲经济中的文化活动和旅游景点，作为城市历史与文化底蕴的重要载体，对于展示城市的独特魅力和文化特色具有不可替代的作用。这些元素不仅是城市文化身份的象征，更是城市形象建设的关键组成部分。通过深入挖掘和发展休闲经济，可以有效提升城市的知名度和美誉度，进一步彰显城市的文化品位。文化活动作为休闲经济的一部分，为城市居民和游客提供了丰富多彩的精神食粮。音乐会、戏剧表演、艺术展览等多样化的文化活动，不仅满足了人们的审美需求，更在无形中传播着城市的文化理念和艺术气息。这些活动往往融合了地方的传统与现代，展现了城市文化的多元性和包容性，使得每一位参与者都能深刻感受到城市的独特韵味。

特别是那些定期举办的文化节庆活动，如各种艺术节、文化节等，更是成为城市的文化名片。通过这些活动，城市能够吸引大量的文化爱好者和游客，进而促进文化交流与旅游经济的发展。人们在享受文化活动的同时，也自然而然地成为城市文化的传播者，将城市的魅力带向更广阔的领域。旅游景点则是休闲经济中另一重要的文化展示平台。无论是历史悠久的古建筑、风景秀丽的自然景观，还是充满现代气息的城市地标，每一处景点都承载着城市特定的历史文化信息。游客在游览这些景点的过程中，不仅能够领略到城市的风光美景，更能够深入了解城市的历史变迁和文化传承。如古老的寺庙、城堡、历史街区等，更是成为连接过去与现在的桥梁。它们见证了城市的兴衰更迭，也承载着人们的集体记忆。通过保护和开发这些历史文化遗产，城市不仅能够传承自身的历史文化，更能够借此吸引更多的游客，推动旅游业的繁荣发展。

发展休闲经济对于城市文化的传播和提升有着深远的影响。随着全球化的不断推进和信息技术的快速发展，城市之间的竞争也日益激烈。在这样的背景下，拥有独特文化和鲜明特色的城市往往更容易脱颖而出。通过发展休闲经济，特别是注重文化活动和旅游景点的打造，城市能够有效地提升自身的文化内涵和品牌形象，从而在激烈的竞争中占据有利地位。

同时，休闲经济的发展还能够促进城市居民的文化自觉和文化自信。随着生活水平的提高和审美需求的增加，人们对于文化的追求也日益强烈。通过参与各种文化活动和游览旅游景点，城市居民能够更加深入地了解和认同自己的城市文化，从而增强对城市的归属感和自豪感。这种文化自觉和文化自信不仅有助于提升城市的整体文化氛围，更能够推动城市的高质量发展。在发展休闲经济的过程中，也需要注重文化保护和合理利用的问题。过度商业化的开发可能会破坏文化资源的原始性和真实性，从而降低其文化价值。因此，城市在推动休闲经济发展的同时，应制定合理的文化保护政策，确保文化资源的可持续利用。休闲经济中的文化活动和旅游景点，是展示城市历史和文化底蕴的重要窗口。通过深入挖掘和发展这些资源，城市不仅能够提升自身的形象和文化品位，更能够推动经济的繁荣和社会的进步。在未来的发展中，城市应更加注重休闲经济与文化的融合发展，打造独具特色的城市文化品牌，以文化为引领推动城市的全面发展。

4.促进社会和谐与稳定

休闲活动在当代社会中扮演着至关重要的角色，它是人们放松身心、缓解压力的重要方式。在快节奏的现代生活中，个体常常面临来自工作、学习和家庭等多方面的压力，这些压力若长时间得不到释放，可能会对人们的心理健康产生不良影响。因此，休闲活动的存在就显得尤为重要，它不仅能够帮助人们暂时摆脱日常生活的烦恼，还是提高生活质量、增强幸福感的有效途径。

休闲经济的发展紧密围绕休闲活动展开，这一经济形态致力于提供多样化、高质量的休闲产品和服务，以满足人们不断增长的精神文化需求。这些产品和服务包括但不限于旅游景点、娱乐设施、文化活动、体育赛事等，它们共同构成了一个丰富多彩的休闲市场，为人们提供了广泛的选择空间。随着物质生活水平的提高，人们对精神层面的追求也日益增强。休闲经济通过提供各种类型的文化活动，如音乐会、画展、戏剧表演等，为人们带来了丰富多彩的艺术享受。这些活动不仅能够提升个体的文化素养，还有助于培养人们的审美情趣，使他们在享受文化产品的过程中获得精神上的满足。

此外，休闲经济在提高人们生活质量方面也发挥着重要作用。休闲活动为人们提供了与家人、朋友共度时光的机会，增进了彼此之间的情感交流。在参与休闲活动的过程中，人们能够体验到团队合作的乐趣，感受到成功的喜悦，这些积极体验对于提升个体的生活满意度和幸福感具有重要影响。同时，休闲经济还为人们提供了锻炼身体、保持健康的机会，如健身房、游泳馆、户外运动场地等，这些设施为个体提供了便捷的运动条件，有助于提高人们的身体素质和生活质量。一方面，休闲经济的发展能够创造大量的就业机会，提高人们的收入水平，从而缩小社会贫富差距，缓解社会矛盾。另一方面，休闲活动有助于人们释放压力、缓解紧张情绪，减少因心理压力而引发的社会问题。一个充满活力和创造力的社会需要给予其成员足够的休闲空间和时间，以激发他们的创造力和创新能力。休闲经济正是通过提供这样的平台和机会，为社会的进步和发展贡献力量。

在未来的发展中，休闲经济有望成为推动社会进步的重要力量。随着科技的不断进步和创新能力的增强，休闲产品和服务将更加丰富多样、个性化，更好地满足人们的精神文化需求。同时，随着人们对生活质量要求的提高和消费观念的转变，休闲经济将迎来更加广阔的发展空间和市场前景。休闲经济的发展在满足人们精神文化需求、提高生活质量以及促进社会和谐稳定等方面发挥着积极作用。面对未来发展的机遇与挑战，我们应充分认识到休闲经济的重要性，积极推动其持续健康发展，为构建更加美好的社会贡献力量。

二、城市休闲经济的独特性

（一）休闲城市的发展

1998 年，我国优秀旅游城市的创建工作正式启动，这一举措标志着我国城市旅游业发展进入了一个新的阶段。在此之前，虽然我国旅游业已经有了一定的发展基础，但是城市作为旅游目的地的重要性还没有得到充分的认识。我国优秀旅游城市的创建，不仅提升了城市作为旅游目的地的地位，也促进了城市旅游业的发展，推动了城市经济的增长和城市形象的塑造。为了规范这一新兴事物的发展，原国家旅游局出台了《中国优秀旅游城市检查标准（试行）》和《中国优秀旅游城市验收办法》，为城市的创建工作提供了明确的指导和标准。这些标准涵盖了旅游资源的丰富性、旅游设施和服务的质量、旅游市场的规范等多个方面，确保了创建工作的全面性和系统性。截至 2010 年末，先后有 370 个城市（也有资料显示为 337 个）成功创建成“中国优秀旅游城市”。这些城市遍布全国各地，既有历史文化名城，也有自然风光胜地，充分展示了我国旅游资源的丰富性和多样性。这一成果的取得，不仅提高了我国城市旅游业的整体水平，也为国内外游客提供了更多的旅游选择。

随着时间的推移，城市旅游的发展逐渐从单纯的观光旅游向休闲旅游转变。2007 年，首届中国休闲产业经济论坛在上海举行，这次论坛聚焦“休闲产业与国民经济发展”，首次就城市旅游休闲等理念展开了讨论。这标志着我国城市旅游业开始关注休闲旅游的发展，并将其作为未来发展的重要方向。为了适应这一转变，2010 年，由中国人民大学中国休闲经济研究中心牵头研究，国际休闲产业协会及相关院校、地方专家参与评审论证的《中国首套休闲城市评价标准体系》发布。这一标准体系的发布，为国内休闲城市的建设发展和评价评估提供了一套量化的指标体系，使得休闲城市的建设更加科学、规范。

在休闲城市评价标准体系的指导下，我国休闲城市的建设迎来了新的发展机遇。2015 年，原国家旅游局正式实施《旅游休闲示范城市》行业标准，启动全国首批旅游休闲城市创建工作。这一举措进一步推动了休闲城市的发展，提高了城市旅游业的质量和效益。随着休闲城市建设的深入推进，如何科学地评价城市休闲发展的水平成为了一个重要的问题。2019 年，中国社会科学院财经战略研究院、中国社会科学院旅游研究中心及社会科学文献出版社共同在北京发布了《休闲绿皮书：2018～2019 年中国休闲发展报告》。这份报告对城市休闲指数评价体系进行了研究和分析，为休闲城市的评价提供了科学的依据。

休闲城市的建设不仅提高了城市旅游业的发展水平，也推动了城市经济的转型升级。休闲产业的发展为城市带来了新的经济增长点，同时也为城市居民提供了更多的就业机会和更好的生活环境。此外，休闲城市的建设还促进了城市文化的传承和创新，丰富了城市居民的精神文化生活。在国家级层面，休闲城市的建设也得到了高度的重视和支持。2021 年，《中华人民共和国国民经济和社会发展第十四个五年规划和 2035 年远景目标纲要》提出建设一批富有文化底蕴的世界级旅游景区和度假区，打造一批文化特色鲜明的国家级旅游休闲城市和街区。这一政策导向为休闲城市的发展提供了新的机遇和挑战。

为了实现这一目标，城市需要在多个方面下功夫。首先，优化休闲设施是关键。城市需要建设和完善各种休闲设施，包括公园、绿地、文化场馆等，为市民和游客提供良好的休闲环境。其次，完善休闲服务也十分重要。城市需要提供多样化的休闲服务，满足不同层次、不同需求人群的休闲需求。此外，丰富休闲产品和增加休闲场所也是必不可少的。城市需要开发具有地方特色的休闲产品，吸引更多的游客前来体验。同时，增加休闲场所的数量和种类，为市民提供更多的休闲选择。未来，随着政策的支持和市场的需求，休闲城市的发展将迎来更加广阔的前景。城市需要紧紧抓住这一机遇，不断优化休闲设施和提高服务水平，提高休闲产业的质量和效益，为市民和游客创造更加美好的休闲环境和生活体验。

（二）休闲城市的三大基础要素

1.经济基础

我国休闲研究的主要开创者之一马惠娣对休闲的深刻理解，为我们探讨休闲城市的构建提供了重要的理论支撑。她认为，休闲不仅仅是一种简单的消遣方式，还是人的一种深层次的存在状态、生存状态和精神状态。这一观点将休闲提升到了哲学的高度，与人的本质紧密相连。在她的理论视野中，休闲是人们“成为人”的过程，这是一种对人性全面发展和自我实现的追求。这一观点具有深远的哲学意义，它强调了休闲在人的全面发展中的重要性。休闲不仅是为了放松和娱乐，更是一种对自我精神世界的探索和提升。在休闲中，人们有机会去思考、去感悟，去寻找生命的意义和价值。这种过程使得人们能够更加深入地了解自己，进而更好地成为真正的“人”。

马惠娣也指出，这种“成为人”的过程并不是空中楼阁，而是需要现实层面的支撑。其中最基础的条件就是闲暇时间和经济来源。闲暇时间为人们提供了享受休闲生活的可能，而经济来源则是享受休闲生活的物质基础。这两者的结合，使得人们能够在满足基本生活需求的前提下，去追求更高层次的休闲生活。经济指标因此成为衡量一个城市是否是休闲之城的重要条件。一个城市的经济发展水平，直接决定了其居民的收入水平和消费能力。只有当人们的收入水平不断提高，他们才有可能有更多的资源和精力去投入休闲生活中，去享受更高层次的休闲体验。例如，高收入水平的城市居民更有可能去选择旅游、文化活动、体育运动等多样化的休闲方式，而这些方式往往需要一定的经济投入。

一个城市要成为当代意义的休闲城市，还需要其居民在休闲中创造出丰富的社会价值，特别是经济价值。休闲产业作为现代服务业的重要组成部分，已经成为推动城市经济发展的新动力。在休闲中，人们不仅消费，还创造着新的价值。例如，旅游业的发展可以带动酒店、餐饮、交通等多个相关产业的发展，为城市创造更多的就业机会和税收收入。同时，文化活动、体育运动等休闲方式也可以提高城市的文化软实力和居民的生活质量。此外，休闲城市的构建还需要政府、企业和社会各方的共同努力。政府应该加强对休闲产业的规划和引导，制定相应的政策措施来支持休闲产业的发展。企业应该不断创新产品和服务，满足消费者多样化的休闲需求。社会各方也应该积极参与休闲城市的构建，共同营造一个宜居、宜游的休闲环境。

按照马惠娣的理论，我们可以更深入地理解休闲城市的内涵和发展路径。休闲不仅仅是个人的消遣方式，更是城市发展的重要驱动力。通过提高居民的收入水平、发展休闲产业、创造社会价值等方式，我们可以推动一个城市向休闲城市转型，进而提高城市的整体竞争力和居民的生活质量。同时，也应该看到，休闲城市的构建是一个长期而复杂的过程。它需要我们在多个方面进行努力和创新，包括城市规划、产业发展、文化传承等多个领域。只有这样，我们才能真正实现马惠娣所倡导的“成为人”的过程，让休闲成为推动城市发展和个人成长的重要力量。继续关注和研究休闲城市的构建问题，不断探索和创新休闲产业的发展模式，为城市居民提供更加丰富多彩的休闲生活选择。同时，我们也应该加强对休闲教育的普及和推广，提高人们对休闲的认识和理解，让更多的人能够享受到休闲带来的益处。通过这些努力，我们相信可以推动我国休闲城市的快速发展，为实现人的全面发展作出更大的贡献。

2.城市文化

在探讨休闲城市的构建中，经济发展水平无疑是一个重要的考量因素。然而，多数城市在经济发展层面上难以与上海、广州、北京、深圳等一线城市相提并论。这些一线城市的经济实力和国际化程度为其休闲产业的发展奠定了坚实的基础，但这并不意味着其他城市就无法成为休闲城市。经济发展水平固然是判断一个城市是否具备休闲城市特质的重要依据，但若仅仅以此为标准，则显得过于片面。休闲城市的内涵远不止于此，它更关乎一个城市的文化底蕴和生活方式。因此，我们不能简单地将经济发展水平作为衡量休闲城市的唯一标准。

除了经济因素外，城市文化是衡量一个城市能否成为休闲城市的另一个不可或缺的指标。城市文化，作为城市的灵魂，是经过历史长河的沉淀和积累而形成的独特品格。这种品格无法被复制，是城市综合竞争力的重要组成部分。一个城市是否拥有突出的休闲文化传统、当代休闲文化氛围以及较高的休闲文化品牌，是衡量其是否具备休闲城市特质的核心要素。以上海为例，这座城市最突出的特征是作为著名的国际经济中心城市。其经济发展水平和国际化程度无疑为休闲产业的发展提供了有力支撑。然而，在休闲文化的传承和氛围营造方面，上海或许还有待加强。相比之下，北京作为政治中心、文化中心以及世界著名古都，其在休闲文化传统和氛围上则有着得天独厚的优势。

深圳和广州虽然在经济发展上走在前列，但忙碌、紧张、竞争的生活方式与休闲都市的理念存在着较大的差异。在这些城市中，休闲气息并不浓厚，人们更多地沉浸在快节奏的工作和生活中。因此，尽管它们在经济层面表现出色，但在休闲城市的评判上却略显不足。与此同时，杭州则以其深厚的休闲文化传统和浓郁的休闲氛围脱颖而出。杭州定位为休闲之都，其休闲文化由来已久。《西湖游幸》中的记载便折射出杭州是一个富庶、优美、悠闲的城市，具有一种悠闲、安逸、自在的性格。可以说，在国内城市中，杭州的休闲文化和传统文化极为深厚。这种深厚的休闲文化传统不仅为杭州吸引了无数游客，更使其成为人们心目中的休闲胜地。与杭州相似，成都在休闲文化传统方面也有着非凡的表现。虽然成都的经济水平难以与北京、上海、广州等城市相提并论，但在城市的文化魅力上，成都却展现出了其非同凡响之处。其中，休闲文化传统便是其重要的一部分。休闲已经深深融入了成都人的生活方式中，成为他们基本的生活诉求。

自秦汉以来，成都便形成了一种闲适享乐的生活方式。这种生活方式不仅体现在成都人的日常生活中，更在他们的文化观念中留下了深刻的烙印。《汉书》中的描述便生动地展现了成都的富庶和悠闲："巴蜀有江水沃野，山林竹木，蔬食果食之饶，民食稻鱼，亡凶年忧，俗不愁苦，而轻易淫佚。"在这样的自然环境和文化传统熏陶下，生于斯长于斯的成都人养成了享受自然、热爱生活、优雅闲适的生活方式。这种生活方式不仅使成都人在忙碌的生活中找到了平衡和宁静，更使成都成为一个充满魅力的休闲城市。成都的休闲文化传统与其独特的地理位置、历史背景以及人文环境密不可分。作为一座历史悠久的城市，成都拥有丰富的文化遗产和独特的地域特色。这些元素共同构成了成都独特的休闲文化氛围，使人们在享受悠闲生活的同时，也能感受到这座城市深厚的文化底蕴和独特魅力。

休闲城市的构建，并不仅仅依赖经济发展水平这一单一因素。城市文化、休闲传统以及当代休闲文化氛围等多元化因素同样重要。杭州和成都的成功案例为我们提供了宝贵的借鉴经验：在经济发展相对滞后的情况下，通过挖掘和传承城市自身的文化传统和特色，同样可以打造出具有独特魅力的休闲城市。这不仅有助于提升城市的综合竞争力，还能为城市居民提供更加宜居、宜游的生活环境。

3.休闲资源

休闲城市的建设并非一蹴而就的过程，而是一个需要长期投入和精心规划的系统工程。这一工程的实现，必须依托历史和现实形成的休闲资源。这些休闲资源，无疑是构建休闲城市不可或缺的基础。以杭州和成都为例，这两座城市不仅拥有深厚的文化底蕴，更在休闲资源方面得天独厚，从而为其发展成为休闲城市提供了有力的支撑。

杭州，这座被誉为“人间天堂”的城市，以其丰富的休闲资源而著称。从自然景观到人文遗迹，从山水之美到历史之韵，杭州无不散发着独特的魅力。俯瞰杭城全景，人们会发现，整个主城区的近三分之一都被秀美的山水占据，真正实现了“景在城中，城在景中”的和谐共融。

在杭州，保俶山、北高峰、吴山城隍庙等自然景观与历史遗迹遥相呼应，共同构成了独特的城市风貌。西湖的秀美、西溪湿地的生态、京杭大运河的古老与钱塘江的壮阔，这四水相依的景致，为杭州增添了无尽的魅力。而苏轼、白居易、苏小小、岳飞等历史文化名人留下的印记，以及康熙、乾隆的数次南巡造访，更是让杭州成为一座集自然风光与人文积淀于一体的休闲胜地。

杭州的休闲资源不仅丰富多样，而且具有深厚的文化内涵。这里的山水景观与历史文化相互交融，形成了一种独特的休闲文化氛围。人们在欣赏自然美景的同时，也能感受到历史的厚重和文化的熏陶。这种独特的休闲体验，使得杭州在 2011 年成功入选“全球十大休闲范例城市”。其入选理由也充分展现了杭州作为休闲城市的独特魅力：拥有优雅闲适的人文传统，充满多种民间技艺，市井民居、酒馆茶楼精致和谐地聚集在山水之间，展示着东方休闲生活的智慧和魅力。与杭州相比，成都也有着不逊色的休闲资源。作为一座历史悠久的文化名城，成都不仅拥有深厚的文化底蕴，更在自然景观和人文遗迹方面独具特色。都江堰的灌溉文化、武侯祠的三国遗风、杜甫草堂的诗意盎然……这些都是成都独特的休闲资源，为城市增添了别样的魅力。

在成都，人们可以漫步在宽窄巷子中感受古老的街巷文化和悠闲的生活方式，可以前往青城山感受道教文化的神秘与深邃，还可以品尝到各种地道的四川美食，体验独特的味蕾之旅。这些丰富的休闲资源为成都打造休闲城市提供了有力的支撑。休闲城市的建设并不仅仅依赖自然和人文资源的丰富程度。政府的规划引导、市民的休闲意识以及休闲产业的发展水平等因素也至关重要。然而，拥有丰富休闲资源的城市无疑在休闲城市的建设中具有更大的优势和潜力。

总的来说，杭州和成都作为典型的休闲城市代表，不仅拥有深厚的文化底蕴和丰富的休闲资源，更在休闲城市的建设方面取得了显著的成效。它们的成功经验也为其他城市提供了有益的借鉴和启示：充分挖掘和利用自身的休闲资源优势，结合城市的文化特色和市民的休闲需求进行科学合理的规划布局是推动休闲城市建设的有效途径。同时，我们也应该看到休闲城市建设是一个长期而复杂的过程，需要政府、企业和市民等各方共同努力才能实现休闲城市的可持续发展目标。

在未来的发展中，我们应该继续关注和研究休闲城市的构建问题，不断探索和创新休闲资源的开发利用模式，推动休闲产业与相关产业的融合发展，为城市居民提供更加丰富多彩的休闲生活选择。同时，加强休闲教育，提高人们的休闲意识和休闲能力，也是推动休闲城市发展的重要途径。通过这些努力，我们相信可以进一步推动我国休闲城市的快速发展，为实现高质量发展作出更大的贡献。此外，休闲城市的建设也需要注重绿色发展理念。在开发和利用休闲资源的过程中，应保护生态环境，避免过度开发造成的资源浪费和环境破坏。同时，推动绿色出行、低碳生活等环保理念在休闲城市中的普及和实践，也是未来休闲城市建设的重要方向。

休闲城市的建设是一个综合性、长期性的过程，需要政府、企业、市民等多方的共同努力和智慧投入。通过充分挖掘和利用休闲资源，注重文化传承与生态保护，推动休闲产业的创新发展，可以期待更多具有独特魅力和可持续发展能力的休闲城市在我国大地上崛起。

（三）休闲城市需具备的四大必备要素

1.优良的人工景观

良好的自然景观无疑是休闲城市发展所需的珍贵自然条件，它为城市居民与游客提供了放松身心、亲近自然的理想场所。然而，休闲城市并非单纯的自然遗产观光地，它更多地承载着人们日常生活的功能与情感需求。在这个意义上，休闲城市的景观构建不仅依赖自然恩赐，更大程度上还是由人为规划与设计所决定的。城市作为人类文明的重要产物，其每一寸土地、每一座建筑都烙印着人类活动的痕迹。因此，休闲城市的景观如何，不仅关乎自然，更关乎人与自然的和谐共生以及如何通过人为活动巧妙地融入和改善自然环境。优良的城市人工景观需要精细的城市规划作为基石，这不仅是一张蓝图或模型的制定，更是一个涉及多学科、多元利益主体和多方面考虑的复杂过程。从城市设计的角度来看，休闲城市的构建应充分考虑空间的开放性、多样性以及可持续性，以此确保人工景观与自然景观的和谐统一。

在这一过程中，多个政府部门的倾力合作显得尤为重要。城市规划部门需与环境保护、交通运输、文化教育等多个部门紧密配合，共同制定出既满足居民休闲需求，又符合城市可持续发展目标的规划方案。例如，环境保护部门负责对自然景观的保护与合理利用提出专业建议，确保在城市建设过程中不破坏原有的生态平衡；交通运输部门则需规划出便捷的交通网络，以方便居民和游客轻松到达各个休闲区域；而文化教育部门则可以通过举办各类文化活动和推广休闲教育理念，来丰富休闲城市的文化内涵。

民营企业、非政府组织以及社区居民等都应被纳入规划过程中，形成多方参与、共建共享的良好氛围。企业可以通过投资休闲设施建设、推动相关产业发展等方式参与其中；非政府组织则可发挥其在环保、文化传承等方面的专业优势，为休闲城市的建设提供有力支持；而社区居民作为城市的主人，他们的意见和建议对于休闲城市的规划与实施具有不可或缺的参考价值。在实施过程中，休闲城市的景观规划还需注重细节与人文关怀。无论是公园的座椅设计、步道的铺设材料选择，还是公共艺术品的布置等，都应体现出对居民和游客的细致关怀。这些细节的处理不仅能提升城市的整体美感，还能让人们在享受休闲时光的同时，感受到城市的温度与情感。

休闲城市的景观规划并非一成不变，随着时代的变迁和人们需求的变化，城市规划也需要不断地进行调整和优化。这就要求规划者具备前瞻性的视野和创新精神，能够准确把握未来休闲城市的发展趋势，并及时作出相应的规划调整。休闲城市的景观构建是一个涉及自然与人文、规划与实施的复杂系统工程。它要求我们从多个角度出发，充分考虑各种因素的综合影响，以实现自然景观与人工景观的和谐共生为目标。通过政府部门的倾力合作以及社会各界的广泛参与，我们有信心打造出一个既具有独特魅力又充满活力的休闲城市新典范。休闲城市的建设也要结合地方特色和历史文化，塑造出具有独特个性的城市形象。例如，对于历史悠久的城市，可以依托其丰富的历史文化资源，打造具有历史韵味的休闲空间，让人们在休闲的同时感受到历史的厚重与文化的魅力。而对于自然风光优美的城市，则可以借助其得天独厚的自然条件，创建与自然融为一体的休闲场所，让人们尽享大自然的恩赐。

在休闲城市的建设过程中，还要注重科技与创新的应用。借助现代科技手段，可以提高休闲设施的智能化水平，提供更加便捷、舒适的服务体验。例如，利用大数据和人工智能技术，分析游客的行为习惯和喜好，为他们推荐更加精准的休闲活动和场所。同时，科技的应用还可以助力休闲产业的创新发展，推动休闲城市经济的持续增长。

休闲城市的建设，也不能忽视环境保护和可持续发展的重要性。在规划和建设过程中，要始终坚持绿色发展理念，保护好城市的生态环境。通过采用环保材料和节能技术，降低休闲设施对环境的影响。同时，加强环境教育，增强居民和游客的环保意识，共同维护休闲城市的绿色生态。休闲城市的建设是一个多元化、综合性的过程，需要政府、企业、社会组织和居民等各方共同努力。通过贯彻新发展理念，我们可以打造出宜居、宜游、宜业的休闲城市，为人们提供更加美好的生活空间。

2.完善的城市配套

休闲城市的配套体系是构建城市休闲功能的重要组成部分，它涵盖了多个方面，为城市居民与游客提供了全方位的服务与支持。这些配套体系主要体现在：一般支撑性的硬、软件配套上。

一般支撑性的硬性配套是休闲城市基础设施建设的核心。交通设施是其中的关键一环，它决定了城市的可达性和流动性。一个完善的交通网络，包括公共交通、出租车、共享单车等多种出行方式，能够满足不同人群的需求，提高城市的交通便利性。酒店和餐饮设施则是休闲城市中不可或缺的一部分。高品质的酒店能够为游客提供舒适的住宿体验，而多样化的餐饮选择则能满足不同口味和饮食文化的需求。导游服务、保安措施、医疗设施以及紧急救助体系等，也是休闲城市中必不可少的配套。导游服务能够帮助游客更好地了解城市的历史文化和风土人情，提升旅游体验。保安措施则能确保游客和城市居民的安全，为休闲活动提供稳定的社会环境。医疗设施和紧急救助体系则在应对突发情况时发挥着至关重要的作用，为游客和居民提供及时的医疗救助。

除了上述硬性配套外，软件配套也同样重要。例如，便捷的日用品和休闲生活用品零售网络，能够满足居民和游客的日常生活需求。这些零售店铺不仅提供生活必需品，还常常成为城市文化的一部分，展示着城市的特色和魅力。而文化配套则是休闲城市灵魂的体现，学校、青少年宫、科普馆、博物馆、动物园、植物园以及图书馆等设施，不仅为城市居民提供了丰富的文化娱乐活动，而且还是传承和展示城市文化的重要载体。学校和教育机构培养着城市的未来，为城市的持续发展注入活力。青少年宫则为年轻人提供了展示才艺和社交的平台，促进他们的全面发展。

科普馆和博物馆则是休闲城市中重要的文化窗口，它们通过展示历史文物和科学知识，帮助居民和游客更好地了解城市的过去和现在。动物园和植物园则提供了亲近自然的机会，让人们在与动植物的互动中感受自然的奥秘和美丽。图书馆作为知识的宝库，不仅为居民提供了学习和提升自我的场所，还常常成为社区的文化中心。这些文化配套的完善，不仅提升了休闲城市的文化品位，还丰富了城市居民的精神生活。它们在塑造城市形象、吸引游客以及促进城市经济发展等方面都发挥着重要作用。随着科技的不断进步和人们生活方式的变化，城市配套也需要不断更新和完善。例如，可以利用智能技术提高交通、酒店、餐饮等设施的服务效率和质量。在文化配套方面，则可以通过举办各种文化活动和节日庆典等方式，增强城市的吸引力和影响力。

社区居民是城市的主人，他们的参与和支持对于城市配套的发展至关重要。因此，应鼓励社区居民积极参与城市配套的规划和建设，让他们的意见和建议得到充分的尊重和采纳。同时，城市配套也应面向全体居民开放和共享，让每个人都能享受到城市发展的成果。休闲城市的配套体系建设是一个复杂而系统的工程，需要政府、企业、社区和居民等多方的共同努力和协作。通过不断完善和优化配套体系，我们可以打造出一个更加宜居、宜游、宜业的休闲城市，为居民和游客提供更加美好的生活体验。

3.丰富多彩的夜间消费

在休闲城市中，夜生活的丰富多彩不仅是一种文化现象，更是城市活力与魅力的体现。夜生活的繁荣不仅满足了市民与游客的多样化需求，也为城市经济注入了新的活力。因此，深入探讨休闲城市夜生活的多元发展及其规划策略，对于提升城市的文化品位和生活品质具有重要意义。

休闲城市的夜生活种类繁多，各具特色。以酒吧为例，它们往往是年轻人社交的重要场所，其内部装潢独特，音乐风格各异，为不同喜好的人群提供了交流的平台。而桑拿按摩、网吧等场所，则更多地满足了人们休闲放松的需求。影院、剧场作为文化消费的重要场所，在夜生活中也占据了不可或缺的位置。它们通过放映电影、上演戏剧等方式，为市民和游客提供了丰富的文化大餐。特别是在一些具有历史文化底蕴的城市，传统戏曲和民族歌舞的演出更是成为夜间文化消费的一大亮点。

迪厅、交谊舞会等则是年轻人释放压力、享受音乐与舞蹈的去处。这些场所通常配备先进的音响设备和舞台效果，营造出动感十足的氛围。茶馆和通宵餐厅则为喜欢安静、追求品质生活的人群提供了理想的休闲场所。夜间排档、夜市则以其独特的风味小吃和热闹的市井气息，深受普通市民和游客的喜爱。夜船（车）游览等特色项目也为城市的夜生活增添了不少亮点。游客可以在游览的过程中欣赏城市的夜景，感受城市的另一种魅力。夜生活的繁荣发展并非一蹴而就，它需要政府、商家和市民的共同努力。政府应制定合理的规划和管理政策，确保夜生活的健康有序发展。商家则应注重服务质量和文化品位的提高，以满足消费者日益增长的需求。市民也应积极参与夜生活，共同营造既充满活力又不失秩序的城市夜晚。

在规划策略上，可以考虑将夜生活区域相对集中，形成若干个特色鲜明的夜生活聚集区。这样不仅可以提升城市的整体形象，还有助于吸引更多的游客和消费者。同时，应注重夜生活设施与周边环境的协调发展，避免对周边居民的生活造成不良影响。夜生活的多元发展还需要注重文化内涵的挖掘和创新，可以结合当地的历史文化和民俗风情，打造具有地方特色的夜生活项目。例如，在具有深厚历史文化底蕴的城市，可以推出以传统文化为主题的夜间演出或活动，让游客在享受夜生活的同时，也能感受到城市的文化魅力。休闲城市夜生活的多元发展是一个系统工程，需要政府、商家、市民等多方面的共同努力。通过合理的规划和有效的管理，我们可以打造一个充满活力、有序发展的城市夜生活，为市民和游客提供更加丰富多彩的文化消费选择。同时，夜生活的繁荣发展也将为城市的经济增长和文化繁荣注入新的动力。

如何确保夜生活场所的安全、卫生和秩序，如何平衡夜生活发展与周边居民的利益，都是需要我们深入思考的问题。针对这些问题，政府应加强对夜生活场所的监管力度，制定严格的安全卫生标准和秩序维护措施。同时，还应建立有效的投诉处理机制，及时解决夜生活中出现的各种问题。除了政府的管理和监管，商家的自律和社会责任也是夜生活健康发展的重要保障。商家应严格遵守相关法律法规，确保场所的安全卫生和消费者的合法权益。同时，商家还应注重提高自身的文化品位和服务质量，为消费者提供更加优质、多元的夜生活体验。

在分析休闲城市夜生活的发展趋势时，我们还可以从全球化的视角来审视。随着全球化的深入推进，不同文化之间的交流日益频繁，夜生活也呈现出多元化的趋势。因此，我们可以借鉴其他国家和地区的成功经验，结合本地的实际情况，打造具有地方特色的夜生活品牌。随着科技的进步和互联网的普及，夜生活的形式和内容也在不断创新和拓展。例如，通过运用虚拟现实技术，我们可以为消费者提供更加沉浸式的夜生活体验。同时，互联网平台的兴起也为夜生活的营销和推广提供了新的渠道和手段。

休闲城市夜生活的多元发展是一个复杂而有趣的课题，涉及城市规划、文化创新、商业运营等多个方面。通过深入的研究和探讨，我们可以为城市的夜生活发展提供更加科学、合理的建议和指导，从而推动城市的全面繁荣和进步。

4.旅游景点和活动

休闲城市作为现代城市化进程中的一个特定类型，不仅承载着为市民提供高品质生活环境的功能，同时也因其独特的休闲氛围和文化底蕴吸引着大量的外来游客。在这样的城市中，休闲生活与观光旅游往往相辅相成，共同构成城市发展的重要动力。本书将深入探讨休闲城市中休闲生活作为观光资源的开发潜力以及如何有效地将休闲生活及其配套设施、运动娱乐等元素融入观光旅游景点，以期为休闲城市的持续发展提供新的思路。

休闲城市并非缺乏观光型旅游活动，相反，这些活动有时还相当丰富。然而，传统的观光旅游往往侧重于对自然景观和历史遗迹的游览，而忽视了休闲生活本身所蕴含的旅游价值。实际上，休闲生活作为城市居民日常生活的重要组成部分，其独特的魅力完全可以成为吸引游客的新亮点。

休闲生活涵盖了多个方面，包括但不限于餐饮、娱乐、购物、文化艺术等。这些活动不仅反映了城市居民的生活方式和品位，也体现了城市的文化特色和社会氛围。当这些活动被精心策划和包装后，便能成为独具特色的观光资源，吸引游客深入体验并了解城市的休闲文化。

在休闲城市中，各类休闲设施和娱乐活动星罗棋布，如咖啡馆、书店、艺术馆、音乐厅、体育场馆等。这些设施和活动不仅为市民提供了丰富多彩的休闲选择，同时也为游客提供了了解和感受城市文化的窗口。例如，一些具有特色的咖啡馆和书店已经成为游客必访的文化地标，而各种文化艺术活动和体育赛事也吸引着大量的观众和参与者。

为了充分发挥休闲生活作为观光资源的潜力，休闲城市需要采取一系列措施来加强休闲生活与观光旅游的融合开发。城市规划者应注重休闲设施的布局和设计，确保其既能满足市民的日常需求，又能吸引游客的目光。这包括打造独具特色的休闲街区、建设多功能的文化艺术中心等。休闲城市应充分利用其丰富的文化活动资源，策划和组织各类节庆、展览、演出等活动，以吸引游客的参与和关注。这些活动不仅可以展示城市的文化底蕴和艺术魅力，还能为游客提供难忘的旅游体验。通过加强与旅行社、酒店等旅游相关企业的合作，共同开发休闲旅游线路和产品，以满足不同游客群体的需求。同时，借助互联网和社交媒体等平台，积极宣传和推广休闲旅游资源，提高城市的知名度和美誉度。在开发休闲生活作为观光资源的过程中，还需要注意保护城市的原生态文化和历史遗迹。避免过度商业化和同质化的问题出现，以确保游客在体验休闲生活的同时，也能感受到城市的独特魅力和历史底蕴。通过加强休闲设施的建设、文化活动的策划以及与旅游业的合作与联动等措施，我们可以有效地将休闲生活融入观光旅游景点中，为休闲城市的发展注入新的活力。这种融合开发不仅有助于提升城市的品牌形象和文化软实力，还能促进旅游业的持续发展和社会经济的繁荣。

（四）建设休闲城市应该注意的五个方面

休闲城市概念的兴起，使得很多城市跃跃欲试，争相创办休闲城市是一个好现象，但是在建设休闲城市时，应该注意以下五个方面。

1.休闲城市建设的多重意义

休闲城市作为现代城市化进程中的一个新兴概念，其构建不仅有利于推动城市功能的全面发展，更能显著提高城市居民的生活质量，进而对城市的经济、社会、文化等多方面产生深远影响。本节将深入探讨休闲城市建设的多方面意义以及在实际构建过程中应遵循的原则和策略。

休闲城市的构建，不仅有助于促进城市科教文卫事业的蓬勃发展，为城市居民提供更加丰富的精神文化生活，还能有效推动商贸零售、金融保险、电子信息等众多产业的繁荣。这些产业的发展，将为城市创造更多的就业机会，提高居民的收入水平，进而促进城市经济的持续增长。科学的产业布局发展规划是休闲城市建设的重要基石，它决定了城市未来发展的方向和潜力。同时，对公共设施等基础设施的加强和完善也是必不可少的环节。这不仅包括传统的交通、水利、能源等基础设施建设，还涉及文化、体育、娱乐等休闲设施的规划和建设。

在我国，不同区域、不同城市的休闲城市建设正处于不同的阶段。但无论处于哪个阶段，都应围绕提高人的生活质量为核心目标。城市居民的需求是休闲城市建设的出发点和落脚点。因此，推进和完善城市公共休闲服务基础设施体系就显得尤为重要。这不仅包括增加公园绿地、文化体育设施等公共休闲空间，还包括提高公共服务质量，如加强公共安全管理、优化公共交通等。

休闲城市建设应以宜居城市为基础，着重推进城市自然环境的改善。这包括提高城市绿化覆盖率、保护生态环境、治理城市污染等措施。同时，应着力解决城市居民对人居环境的切实需求，如提供充足的住房、优质的教育和医疗资源等。这些措施的实施，将有效提升城市居民的幸福感和归属感，进而促进城市的和谐稳定发展。文化是城市的灵魂，是休闲城市建设不可或缺的组成部分。通过挖掘和保护城市的历史文化遗产、推广和传承优秀的民间艺术、举办丰富多彩的文化活动等措施，可以有效提升城市的文化品位和影响力。同时，鼓励文化创新，支持文化创意产业的发展，将为休闲城市建设注入新的活力和动力。

在休闲城市的建设过程中，政府应发挥主导作用，制定科学合理的规划和政策，引导和鼓励社会各界共同参与。企业作为市场主体，应积极投身休闲城市的建设中，通过提供优质的休闲产品和服务来满足城市居民的需求。同时，社会各界也应积极参与休闲城市的建设，共同为打造宜居、宜业、宜游的休闲城市贡献力量。休闲城市建设是一个系统工程，需要政府、企业和社会各界的共同努力。通过以人为本的推进策略、科学的产业布局发展规划，以及对公共设施等基础设施的加强和完善等措施的实施，我们相信可以打造出一个功能全面、环境优美、文化丰富的休闲城市，为城市居民提供更加优质的生活环境和更加美好的生活体验。

休闲城市建设必须坚持“生态优先、绿色发展”的原则，以实现人与自然和谐共生，促进经济、社会、生态的可持续发展。这一理念强调在城市化进程中，要高度重视生态环境保护，将绿色发展贯穿城市规划、建设、管理的全过程。在科学制定城市休闲规划方面，应充分考虑城市的生态承载能力，合理规划绿地、水域等生态空间，确保城市发展与生态保护相协调。休闲设施的布局和设计也需遵循生态原则，如利用可再生能源、采用环保材料等，以减少对环境的负面影响。同时，发展绿色休闲经济是休闲城市建设的重要组成部分。通过推广生态旅游、绿色餐饮、环保交通等绿色休闲产品和服务，不仅可以满足游客对高品质休闲体验的需求，还能有效推动城市经济的绿色转型。此外，保护和利用环境也是休闲城市建设的重要任务。这既包括自然生态环境的保护，如水体、森林、草地等，也包括文化生态环境的保护，如历史遗迹、民俗文化等。只有这些环境得到妥善保护，休闲产业才能持续发展，城市的独特魅力才能得以彰显。

“各美其美、将顺其美”的理念强调在休闲城市建设中要尊重城市的个性和特色，发挥城市的优势。每个城市都有其独特的历史、文化和地理特色，这些特色是城市魅力的源泉。因此，在休闲城市建设中，应充分挖掘和利用这些特色资源，打造具有地方特色的休闲产品和服务。具体而言，可以依托城市的山水脉络和独特风光，开发具有地方特色的旅游线路和活动。例如，在山水优美的城市可以开展徒步、登山等户外运动项目；在历史文化悠久的城市可以推出文化体验游、古迹探秘游等特色旅游产品。同时，还可以将休闲元素与城市传统文化和地域文化相结合，创新休闲产品和服务形式。如通过举办各类文化节庆活动、开发地方特色美食和手工艺品等方式，让游客在休闲之旅中深刻体验城市的文化底蕴和地域特色。此外，“各美其美、将顺其美”还体现在对城市居民生活方式的尊重和顺应上。休闲城市建设应融入百姓生活，让居民在享受高品质休闲生活的同时，能够望山见水、记住乡愁。这要求我们在进行城市规划时，充分考虑居民的生活需求和习惯，合理规划休闲空间和服务设施，为居民提供便捷、舒适的休闲环境。

“生态优先、绿色发展”的原则与“各美其美、将顺其美”的理念在休闲城市建设中具有深远的指导意义。通过坚持以上原则和理念，我们可以推动休闲城市的可持续发展，提高城市居民的生活质量，同时保护和传承城市的文化底蕴和地域特色。随着人们生活水平的提高和休闲需求的增加，休闲城市的建设将迎来更加广阔的发展空间。我们应继续深化对这两大理念的理解和应用，不断探索和创新休闲城市建设的模式和路径，为构建人与自然和谐共生、经济社会可持续发展的美好城市贡献力量。

2.注重弘扬本地文化

休闲活动作为现代社会人们追求生活质量的一种体现，已经远远超越了简单的消遣和娱乐的范畴。在很大程度上，它满足了人们身心的需求，为忙碌的现代生活提供了一片宁静的港湾。随着休闲活动文化内涵的不断深入，人们越来越认识到，精神享受才是休闲度假的精髓所在。在这一共识下，发展休闲经济和建设休闲城市显得尤为重要，而如何在这一过程中突出城市的传统文化和地域文化，更是我们需要深入探讨的课题。

休闲活动与文化内涵的深度融合，反映了当代人对生活品质的追求。在快节奏、高压力的工作环境中，人们渴望找到一种方式来放松身心、回归自我。休闲活动正好提供了这样一个平台，让人们可以在轻松愉快的氛围中，体验文化的魅力，享受精神的愉悦。因此，休闲经济的发展和休闲城市的建设，必须紧紧围绕人们的这一需求展开。在推进休闲城市建设的过程中，特别需要强调突出城市的传统文化和地域文化。每个城市都有其独特的历史底蕴和文化氛围，这是城市魅力的源泉，也是吸引游客的重要因素。通过深入挖掘和传承这些文化资源，我们可以为市民和旅游者提供更加丰富多彩的休闲体验。

为了实现这一目标，我们需要运用创新的理念和手段，将休闲元素与城市文化紧密结合。例如，可以通过举办各种文化节庆活动、建设文化主题公园、开发文化旅游线路等方式，让游客在参与休闲活动的同时，深刻感受到城市的文化气息和历史韵味。此外，还可以利用现代科技手段，如虚拟现实、增强现实等，打造沉浸式的文化体验空间，让游客仿佛穿越时空，亲身感受城市的历史变迁和文化传承。不同的人有不同的文化背景和审美情趣，因此休闲活动的设计必须充分考虑到这些差异性。我们可以通过市场调研和数据分析等方式，深入了解游客的需求和偏好，为他们量身定制个性化的休闲方案。例如，为喜欢历史的游客提供深度历史文化游，为热爱自然的游客打造生态探险之旅等。公共空间是市民和游客进行休闲活动的重要场所，其设计和管理直接影响到人们的休闲体验。我们应该致力于打造开放、包容、舒适的公共空间环境，让人们可以在这里自由地交流、互动和放松。同时，公共服务的质量和效率也是衡量一个休闲城市发展水平的重要标志。我们需要不断完善公共服务体系，提高服务水平，以确保市民和游客在休闲过程中能够享受到便捷、高效的服务。

休闲城市的建设是一个长期而复杂的过程，需要政府、企业和社会各界的共同努力。政府应该加强政策引导和规划制定，为休闲城市的发展提供有力的政策支持和资源保障；企业应该积极参与休闲项目的投资和运营，推动休闲产业的创新发展；社会各界也应该加强对休闲城市建设的关注和支持，共同为打造宜居、宜业、宜游的休闲城市贡献力量。在推进休闲经济和休闲城市建设的过程中，我们必须注重突出城市的传统文化和地域文化特色，运用创新的理念和手段为市民和游客提供丰富多彩的休闲体验。同时，还需要不断完善公共空间环境和公共服务体系，确保人们在休闲过程中能够享受到高品质的服务和愉悦的体验。

3.科学规划

休闲城市的建设不仅关乎城市经济的发展，更涉及城市居民生活品质的全面提升。休闲功能作为城市的基本功能之一，其规划与实施必须严谨、科学，以确保城市的可持续发展和居民的幸福指数。休闲城市规划的先决条件是客观反映休闲经济的现状，这需要对当前休闲产业的发展趋势、市场需求、消费者行为等进行深入研究。通过数据分析与市场调研，我们可以更准确地把握休闲经济的发展脉络，从而为休闲规划提供有力的数据支撑。此外，还应对城市的自然资源、文化遗产、公共设施等进行全面评估，以确定休闲规划的重点和方向。

在规划过程中，应坚持以人民为中心的发展思想，充分考虑居民和游客的休闲需求。规划需细化到休闲空间的布局、休闲设施的配置、休闲活动的组织等多个方面。例如，可以规划建设多功能休闲广场、景观公园、文化街区等，以满足不同人群的休闲需求。同时，休闲规划还应注重生态环保，保护城市的绿水青山，为居民和游客创造宜居、宜游的休闲环境。

休闲规划必须纳入城市总体规划，与城市建设总体规划相协调。这意味着休闲规划不仅要考虑休闲产业的发展，还要与城市交通、住宅、商业等其他规划相衔接。例如，在交通规划中，应考虑到休闲场所的可达性，优化公共交通线路，方便居民和游客前往。在住宅规划中，可以设计更多绿化、舒适的居住环境，使居民在日常生活中就能享受到休闲的乐趣。休闲产业的发展与城市经济紧密相连，因此，在规划过程中应充分考虑休闲产业对城市经济的带动作用。例如，可以通过发展休闲旅游、文化创意等产业，促进城市经济的多元化发展。此外，休闲规划还应关注社会公平与共享，确保所有居民都能享受到休闲城市建设的成果。

在实施休闲规划时，应注重创新与实践相结合。随着科技的进步和人们生活方式的改变，休闲需求和方式也在不断变化。因此，休闲规划应具有一定的前瞻性和灵活性，能够适应未来休闲产业的发展趋势。例如，可以利用大数据、人工智能等技术手段，对休闲需求进行精准预测，为休闲规划提供科学依据。每个城市都有其独特的历史文化和地域特色，这些文化和特色是城市休闲魅力的重要组成部分。在规划过程中，应充分挖掘和利用这些文化资源，打造具有地方特色的休闲项目和活动，让居民和游客在休闲的同时，感受到城市的文化底蕴和魅力。

休闲城市规划不仅是一个技术性问题，更是一个涉及经济、社会、文化等多方面的综合性问题。我们应贯彻新发展理念，科学制定并实施休闲规划，为居民和游客创造更加美好的休闲环境，推动城市的全面发展和进步。只有这样，我们才能真正实现休闲城市的愿景，让休闲成为城市生活的重要组成部分，提高城市居民的生活质量和幸福感。

4.保护和利用环境

休闲经济与休闲城市建设在当今社会发展中占据了越来越重要的地位。这一趋势不仅反映了人们对高品质生活的追求，也体现了城市发展的多元化和综合性。在这一过程中，如何平衡环境保护与休闲产业发展，实现双赢，成为一个值得深入研究的课题。休闲经济的崛起，与城市居民生活水平的提高和消费观念的转变密不可分。随着经济的发展和社会的进步，人们越来越重视精神层面的满足，休闲活动成为现代人生活中不可或缺的一部分。休闲产业也因此应运而生，涵盖了旅游、娱乐、文化、体育等多个领域，为城市经济注入了新的活力。

在追求经济效益的同时，我们也必须正视其对环境可能带来的影响。这里的环境既包括自然生态环境，如山水、森林、湖泊等自然景观，也包括文化生态环境，如历史建筑、传统习俗等文化遗产。这些环境资源是休闲产业发展的重要基础，一旦遭到破坏，不仅会影响休闲产业的可持续发展，更会对整个城市的生态环境和文化底蕴造成不可逆的损害。因此，在休闲城市的建设过程中，我们必须充分认识到环境保护的重要性，并将其与休闲产业发展紧密结合起来。具体而言，可以从以下几个方面入手。

在城市规划层面，应明确将环境保护纳入休闲城市建设的总体规划之中。通过科学合理的规划布局，确保休闲产业的发展与环境保护相协调。例如，在规划休闲旅游区时，应充分考虑景区的生态承载能力，避免过度开发导致的环境破坏。

在政策引导方面，政府可以通过制定相关优惠政策和资金扶持措施，鼓励企业和个人参与环保型休闲产业的开发。同时，加大对破坏环境行为的处罚力度，形成有效的威慑机制。

在文化教育方面，应加强对公众的环保教育，增强人们的环保意识。通过举办各种环保主题活动、开设环保课程等方式，让人们更加深入地了解环境保护的重要性，并自觉参与环保行动。此外，还可以借助媒体的力量，广泛宣传环保理念和休闲产业的绿色发展成果，营造良好的社会氛围。

在产业创新方面，鼓励休闲产业相关企业加大科技研发投入，开发更加环保、节能的产品和服务。例如，利用新能源技术减少能源消耗和污染排放；运用智能技术提高资源利用效率和管理水平等。这些创新举措不仅有助于提升企业的竞争力，还能为环境保护作出积极贡献。

在国际合作与交流方面，积极引进国外先进的环保理念和技术手段，借鉴其在休闲产业发展与环境保护方面的成功经验。同时，加强与其他国家和地区的合作与交流，共同推动全球休闲产业的绿色发展和可持续发展。

休闲经济与休闲城市建设中的环境保护与产业发展并非矛盾的关系，而是可以相互促进、和谐发展的。通过科学合理的规划布局、政策引导、文化教育、产业创新以及国际合作与交流等多方面的努力，我们可以实现环境保护与休闲产业发展的双赢目标。这不仅有助于提升城市居民的生活品质和幸福感，还能为城市的可持续发展奠定坚实的基础。在未来的发展中，我们应继续深化对这一课题的研究与实践，为构建更加美好的休闲城市贡献力量。

5.发挥政府的引导功能

在休闲经济和休闲城市的建设过程中，政府的主导功能不可忽视。政府的引导与政策扶持，为休闲产业的健康、有序发展提供了坚实的保障。休闲经济和休闲城市的建设，是一个涉及经济、文化、社会、生态等多方面的系统工程。在这样的背景下，政府的作用就显得尤为重要。政府不仅需要对休闲产业的发展进行宏观规划和指导，还需要为其创造宽松、有利的发展环境。在宏观规划方面，政府需要根据城市的资源禀赋、历史文化、经济发展水平等实际情况，制定切实可行的休闲产业发展规划。这一规划不仅要明确休闲产业的发展目标、重点任务和保障措施，还要注重与城市总体规划、土地利用规划等相关规划的衔接和协调。通过这样的规划，可以确保休闲产业的有序发展，避免盲目投资和资源浪费。

在创造发展环境方面，政府需要从多个方面入手。首先，要完善相关的法律法规体系，为休闲产业提供法治保障。通过制定和实施相关法律法规，可以明确休闲产业的法律地位、经营范围和权益保护等问题，为产业的健康发展提供法律支撑。其次，政府还需要加强基础设施建设，提升城市的休闲功能。这包括完善交通、通信等基础设施以及建设公园、广场等公共休闲空间。这些基础设施的完善，不仅可以提升城市的整体形象，还可以吸引更多的游客和投资者。

政府在招商引资和扶持相关企业方面也应发挥积极作用。一方面，政府可以通过举办各种招商活动、推介会等方式，向国内外投资者展示城市的休闲资源和投资环境，吸引他们来城市投资兴业。另一方面，政府还可以设立专门的扶持资金，对符合条件的休闲产业项目进行资金支持，帮助企业解决资金难题，推动项目的顺利实施。休闲产业是一个高度依赖人才和创新的行业，因此，政府需要加大对休闲产业人才的培养力度，提高他们的专业素养和创新能力。同时，政府还可以通过优惠政策等方式，吸引国内外的优秀人才来城市从事休闲产业的研究和开发工作，为产业的持续发展提供人才保障。

在推动休闲产业发展的过程中，政府还需要注意处理好与市场的关系。政府的主导作用并不意味着要替代市场的作用，而是要充分发挥市场在资源配置中的决定性作用。政府应该通过制定和执行相关政策，引导和规范市场的发展，而不是直接干预市场的运行。同时，政府还需要加强与行业协会、企业等社会各方的沟通与协作，形成推动休闲产业发展的强大合力。通过宏观规划、创造发展环境、招商引资和扶持相关企业以及培养和引进人才等多方面的努力，政府可以为休闲产业的健康、有序发展提供有力的保障和支持。在未来的发展中，政府还需要继续加强自身的建设和服务能力的提升，以更好地满足人民群众对美好生活的向往和追求。同时，政府也需要密切关注休闲产业发展的新趋势和新挑战，及时调整和完善相关政策措施，以确保休闲产业的可持续发展。

第二节　城市休闲经济的构成要素

一、主体要素：消费者与提供者

（一）消费者

在城市休闲经济的大背景下，消费者无疑扮演着至关重要的角色。他们是市场的核心，是推动休闲产业不断前行的原动力。消费者的需求、偏好以及消费能力，不仅直接关系休闲产业的发展方向，还深刻影响着市场的规模和结构。因此，深入理解消费者在城市休闲经济中的作用，对于产业的健康、持续发展具有重要意义。

1.消费者需求的多样化与个性化趋势

随着经济的持续发展和城市居民生活水平的显著提高，休闲活动在日常生活中的重要性日益凸显。城市居民对休闲活动的需求已经远远超出了简单的物质层面，转向更为复杂、多元的精神层面。在追求高品质生活的时代背景下，消费者对休闲产品和服务的要求也日趋精细和严苛。他们期望在休闲活动中不仅能得到身心的放松和愉悦，更希望通过这些活动来拓宽视野、丰富生活体验，并进一步提升个人的文化素养。

城市居民休闲需求的多样化，可以从多个维度进行剖析。一方面，不同年龄、性别、教育背景的消费者，其休闲需求存在显著差异。例如，年轻人可能更倾向于追求刺激与挑战，热衷于户外运动如攀岩、漂流等；而中老年人则可能更注重养生与保健，偏爱园艺、太极拳等轻度活动。另一方面，消费者对休闲活动的选择也受其文化背景和价值观的影响。一些人热衷于传统文化艺术，如书法、茶艺、古典音乐等，以陶冶情操；而另一些人则可能对现代艺术形式，如街舞、涂鸦等更感兴趣。随着全球化的推进和信息技术的快速发展，城市居民开始接触到更多元的文化和生活方式。这进一步激发了他们对不同休闲活动的探索欲望。旅游探险成为越来越多人的选择，他们渴望亲身体验不同的风土人情，感受世界各地的文化魅力。这种跨文化的休闲体验不仅满足了消费者的好奇心，也在一定程度上促进了全球文化的交流与融合。

在信息爆炸的时代，个性化和定制化已成为新的消费趋势。城市居民不再满足于传统的、千篇一律的休闲产品和服务，而是开始追求更加独特、能够体现个人品位和风格的休闲体验。例如，在服装选择上，他们更倾向于购买设计师品牌或定制服装，以展示自己的个性和审美；在旅游方式上，他们可能更喜欢选择自由行，自主规划行程，以满足个性化的旅游需求。休闲企业需要不断创新，提供更具创意和个性化的产品和服务，以满足消费者的独特需求。例如，一些健身房开始提供个性化的健身计划，根据消费者的身体状况和运动目标，量身定制合适的训练方案。这不仅提升了消费者的满意度，也为企业带来了更大的竞争优势。

随着社交媒体的普及，消费者的休闲活动选择也受到了网络口碑和社交媒体的影响。他们在选择休闲产品和服务时，会参考其他消费者的评价和推荐，从而作出更明智的决策。这也促使休闲产业更加注重口碑营销和客户服务，以提升品牌形象和市场竞争力。休闲产业的多样化与个性化发展趋势，不仅为产业带来了巨大的商业机会，也对产业的创新和升级提出了更高的要求。企业需要密切关注市场动态和消费者需求的变化，及时调整产品和服务策略，以适应市场的快速发展。同时，政府和社会各界也应积极推动休闲产业的发展，为消费者提供更多元、更高质量的休闲产品和服务，以满足人民群众对美好生活的向往和追求。

2.消费能力的提升与消费观念的转变

近年来，随着经济的稳健增长和城市化步伐的加速，城市居民的收入水平得到了显著提高，这无疑为休闲消费奠定了坚实的物质基础。随着财富的积累，城市居民在日常生活开销之余，有了更多的可支配收入用于休闲活动，从而在选择休闲产品和服务时展现出更大的自主性和选择性。以前可能被视为奢侈或高端的消费项目，如今随着收入的增长，变得越来越被大众接受。比如，出国旅游、观看高端艺术演出、参与专业运动培训等，这些在以往可能只是少数人的专利，现在正逐渐成为更多城市居民休闲生活的一部分。

收入水平的提高不仅增强了消费者的购买力，更重要的是，它激发了城市居民对更高品质生活的追求。在物质需求得到满足的基础上，人们开始更多地关注精神层面的满足。休闲活动不再仅是消磨时间的方式，而是变成了提升自我、享受生活的重要途径。因此，城市居民在选择休闲项目时，更看重其能否带来身心的愉悦和个人的成长。与此同时，城市居民的消费观念也在潜移默化地发生改变。在传统的消费观念中，休闲消费往往被看作非必需，甚至是奢侈的支出。然而，在现代社会，随着生活节奏的加快和工作压力的增大，越来越多的城市居民开始认识到休闲活动在调节身心、提高工作效率和生活质量方面的重要作用。

这种观念的转变并非一蹴而就，它是随着社会经济文化的发展而逐渐形成的。在现代社会，休闲已经不再是简单的放松和娱乐，它更多地被看作一种生活态度和方式的体现。城市居民开始更加重视个人时间的利用，愿意为获得更好的休闲体验而支付更高的费用。为了满足消费者日益提升的需求和品位，休闲产业不得不进行持续的创新和改进。无论是服务质量的提高、产品内容的丰富，还是消费环境的优化，都成为休闲产业发展的重要方向。例如，许多传统的休闲娱乐场所开始引入高科技元素，通过虚拟现实、增强现实等技术手段，为消费者提供更加沉浸式的体验。同时，个性化的定制服务也逐渐成为休闲产业的一个新趋势，消费者可以根据自己的喜好和需求，定制专属的休闲方案。

随着消费者对健康和生活品质的关注度不断提高，健康养生类的休闲项目也逐渐兴起。比如，瑜伽、普拉提等运动方式受到了越来越多城市居民的青睐。这些项目不仅有助于保持身体健康，还能在一定程度上缓解工作压力，提高生活质量。在这一过程中，休闲产业不仅迎来了前所未有的市场机遇，也面临着如何满足消费者日益多样化、个性化需求的挑战。因此，对于休闲产业来说，紧跟时代步伐、不断创新和改进将是其持续发展的关键所在。同时，政府和社会各界也应积极支持和引导休闲产业的健康发展，为居民提供更加优质、多元的休闲产品和服务。

3.消费者行为对休闲产业的影响

消费者的需求和消费能力，这两者共同构成了休闲产业发展的核心驱动力。在经济学中，需求是决定市场走向的关键因素，而在休闲产业中，这一点尤为明显。随着时代的变迁和社会经济的发展，消费者的需求逐渐展现出多样化和个性化的特点，这无疑对休闲产业提出了新的挑战，但同时也为其带来了前所未有的发展机遇。休闲产业作为一个涵盖了旅游、娱乐、文化、体育等多个领域的综合性产业，其发展方向和市场规模深受消费者需求的影响。过去，休闲产业可能更多地提供的是一些标准化的产品和服务，但如今，随着消费者需求的日益多样化，这种传统的经营模式已经难以满足市场的需求。

消费者的需求多样化表现在对产品类型的丰富性、品质的高端性以及体验的差异性等多个方面的追求。例如，现代的消费者不仅满足于传统的观光旅游，他们可能更希望体验到具有地方特色的民宿、参与当地的文化活动，或者尝试一些极限运动和冒险活动。这些新的需求，都要求休闲产业不断地进行创新，提供更为多样化、个性化的产品和服务。与此同时，消费者的个性化需求也日益凸显。在信息爆炸的时代，每个人都是一个独立的个体，他们有着自己独特的审美、价值观和生活方式。因此，休闲产业不能再像过去那样提供“一刀切”的产品和服务，而是需要根据每个消费者的特点和需求，进行精细化的市场细分，提供定制化的解决方案。

消费能力的提升和消费观念的转变，则为休闲产业的发展带来了巨大的商业机会。随着经济的增长和居民收入的提高，消费者有了更多的可支配收入用于休闲消费。而消费观念的转变，使得越来越多的人开始重视生活的品质，愿意为高品质的休闲体验买单。这两者的结合，无疑为休闲产业创造了一个巨大的潜在市场。但机会与挑战并存。为了更好地满足消费者的需求，休闲产业必须进行深度的市场调研，真正了解到消费者的所思所想，提供出真正符合市场需求的产品和服务。这不仅是对消费者需求的简单迎合，更是对消费者生活方式的深度解读和引领。

除了了解消费者，休闲产业还需要与消费者建立紧密的联系和互动。在传统的经营模式中，企业与消费者之间往往存在着一定的距离感，但在如今的互联网时代，这种距离已经被大大缩短。通过社交媒体、在线评价等渠道，消费者可以轻松地表达自己的意见并进行反馈。休闲产业必须珍惜这些宝贵的信息，及时调整自己的经营策略，不断提高产品和服务的质量。消费者的选择，无疑也在塑造着休闲产业的竞争格局。在这个高度竞争的市场中，只有那些能够真正把握消费者需求、提供优质产品和服务的企业，才能够在市场中脱颖而出，赢得消费者的信任和喜爱。而那些无法适应市场变化、满足消费者需求的企业，则可能面临着被市场淘汰的风险。为了应对这种影响，休闲产业必须进行持续的创新和改进，与消费者建立紧密的联系，提供真正符合市场需求的产品和服务。只有这样，休闲产业才能够在激烈的市场竞争中立于不败之地，为消费者创造更为丰富、多元的休闲体验。

（二）提供者

1.产品与服务创新

在休闲经济中，提供者对于市场动态和消费者心理的把握显得尤为重要。他们深知，面对日新月异的市场环境和消费者需求，单一、乏味的产品和服务已然无法立足。因此，提供者不断地探索与创新，以期在激烈的市场竞争中脱颖而出，为消费者带来独特且前所未有的休闲体验。

产品创新在吸引消费者方面起到了关键作用。随着科技的迅猛发展，尤其是数字化、网络化技术的普及，传统的休闲项目逐渐显得单调乏味，难以满足现代消费者对新鲜感和刺激的追求。因此，提供者必须紧跟科技步伐，将先进技术融入休闲产品中，从而创造出别具一格的新体验。以虚拟现实技术为例，这一技术的应用为休闲产业带来了革命性的变革。提供者借助虚拟现实技术，推出了虚拟现实旅游项目，使消费者能够身临其境地游览世界各地的名胜古迹，而无须离开家门。这种创新的旅游方式不仅节省了消费者的时间和金钱，还为他们带来了前所未有的沉浸式体验。除了虚拟现实旅游，主题式逃脱游戏也是近年来兴起的一种创新型休闲项目。这类游戏以解谜和逃脱为主题，融合了角色扮演、逻辑推理等多种元素，深受年轻人的喜爱。提供者通过精心设计游戏情节和场景以及运用先进的道具和技术手段，为消费者营造了一个充满挑战和趣味的游戏世界。

产品创新固然重要，但服务创新同样不容忽视。在休闲经济中，优质的服务不仅能够提升消费者的满意度和忠诚度，还能为提供者树立良好的品牌形象。因此，提供者在服务方面也下足了功夫，力求为消费者提供更加周到、个性化的服务。智能化服务系统的引入是服务创新的一个重要体现。借助大数据、人工智能等先进技术，提供者能够分析消费者的消费习惯和喜好，从而为他们推荐更加合适的休闲产品和服务。同时，智能化服务系统还能提供便捷的预订、支付等功能，这极大地提高了消费者的体验感受。除了智能化服务系统的应用外，提供者还非常注重与消费者的互动。在社交媒体等平台上，提供者积极收集消费者的反馈和建议，以便及时了解市场动态和消费者需求的变化。通过这种方式，提供者能够迅速调整服务策略，满足市场的实际需求。

在追求产品和服务创新的过程中，提供者始终保持敏锐的市场洞察力。他们时刻关注行业的发展趋势和竞争对手的动态，以便及时调整自身的经营策略。同时，提供者还注重分析消费者的行为模式和消费心理，以便更好地把握市场需求和消费者喜好。基于市场洞察的结果，提供者会不断调整产品和服务策略。例如，针对消费者对个性化体验的追求，提供者可能会推出定制化的休闲产品和服务；针对消费者对高品质生活的向往，提供者可能会提升产品和服务的品质和档次。通过这种策略调整，提供者能够更好地满足消费者的需求，从而在激烈的市场竞争中占据有利地位。

在休闲经济中，提供者通过产品和服务创新以及服务质量的提高来吸引和留住消费者。他们紧跟科技发展的步伐，将先进技术融入休闲产品中，为消费者带来前所未有的体验。同时，提供者还注重与消费者的互动和市场洞察力的培养，以便及时调整经营策略并满足市场的实际需求。这些举措不仅提升了消费者的满意度和忠诚度，还为提供者带来了可观的商业回报。未来随着科技的不断进步和消费者需求的持续变化，提供者仍需不断探索和创新以适应市场的发展需求并保持竞争优势。

2.品质保障

在休闲经济中，提供者对于产品和服务的品质追求，已然成为其成功的关键因素。他们深知，品质是赢得消费者信任和忠诚的基石，也是塑造品牌形象、提升市场竞争力的核心要素。因此，在追求创新的同时，提供者始终将品质放在首位，致力于为消费者提供卓越的产品和服务。为了保障品质，提供者建立了全面而严谨的质量管理体系。这一体系覆盖了产品研发、生产制造、服务提供等各个环节，确保了从源头到终端的全方位质量控制。在产品研发阶段，提供者严格筛选原材料和零部件，以确保产品的先天品质。同时，他们运用先进的研发技术和设计理念，不断优化产品结构和性能，以满足消费者对高品质生活的追求。

进入生产制造环节，提供者更是精益求精。他们制定了严格的生产工艺和操作规范，确保每一个环节都符合既定的质量标准。此外，提供者还引入了先进的生产设备和检测技术，以提高生产效率和产品质量。在生产过程中，质检人员会对产品进行严格的抽样检测，一旦发现不合格产品，将立即进行返工或报废处理，绝不允许任何瑕疵产品流入市场。

在服务提供方面，提供者同样秉持着高品质的理念。他们深知，优质的服务是提升消费者满意度和忠诚度的重要手段。因此，提供者不仅注重服务的及时性和有效性，还强调服务的专业性和周到性。为了确保服务质量，提供者定期对员工进行系统的培训和教育，提升他们的专业技能和服务意识。这些培训内容包括但不限于产品知识、沟通技巧、解决问题的能力等，使员工能够更好地满足消费者的需求，提供超越期望的服务体验。除了建立完善的质量管理体系和注重员工培训外，提供者还通过其他多种方式来保障和提升品质。例如，他们积极引进国际先进的管理理念和方法，如六西格玛管理、精益生产等，以进一步提高产品质量和生产效率。同时，提供者还加强与供应商的合作与沟通，以确保供应链的稳定性和可靠性，从而为消费者提供持续高品质的产品和服务。

在追求品质的过程中，提供者始终坚持以消费者为中心的原则。他们通过市场调研和消费者反馈渠道，及时了解消费者的需求和期望，以便有针对性地改进产品和服务。这种以消费者为导向的经营理念，使提供者能够紧跟市场步伐，不断满足消费者的变化需求，从而赢得他们的信任和喜爱。品质的追求是一个永无止境的过程。提供者深知这一点，因此他们始终保持谦逊和敬畏的心态，不断追求卓越的品质。这种对品质的执着和坚守，不仅为消费者带来了卓越的休闲体验，还为提供者赢得了良好的市场口碑和广阔的发展空间。提供者在休闲经济中对品质的坚守与追求是其成功的关键所在，通过建立完善的质量管理体系、注重员工培训和教育以及持续引进先进的管理理念和方法等多种手段来保障和提升品质。这种以消费者为中心、追求卓越的经营理念将推动提供者在激烈的市场竞争中不断前行并取得更大的成功。

3.市场洞察与策略调整

在休闲经济这一充满活力的领域，市场的快速变化和消费者需求的多样性，对提供者提出了较高的要求。提供者必须具备敏锐的市场洞察力，这不仅关乎其短期的经营成果，更影响其长远的生存与发展。休闲经济市场受多种因素影响，包括社会经济状况、消费者心理、技术进步及政策法规等。这些因素的变化都可能引发市场需求的波动，从而要求提供者迅速做出响应。例如，随着生活节奏的加快，现代消费者对休闲活动的效率和便捷性提出了更高要求。对此，提供者需及时捕捉到这一变化，并调整服务模式，如推出线上预约、移动支付等便捷功能，以适应消费者的新需求。

为了紧跟市场的步伐，提供者不仅要密切关注消费者的反馈，还要通过多种渠道收集和分析市场数据。社交媒体、消费者调查、行业报告等都是获取市场信息的重要途径。通过对这些数据的深入挖掘，提供者可以更准确地把握消费者的偏好、消费习惯及市场趋势，进而为产品和服务的创新提供有力支持。在面对市场变化时，提供者还需灵活调整其产品和服务策略。这包括但不限于更新产品线、优化服务流程、调整价格策略等。例如，当市场上出现新的休闲项目或技术时，提供者可以迅速引入并融合到自身的产品和服务中，以保持与市场的同步。同时，根据消费者的不同需求和预算，提供者还可以提供多层次、个性化的服务方案，从而拓宽客户群体并提升市场竞争力。

除了对市场的敏锐洞察和灵活应对，提供者之间的交流与合作也显得尤为重要。在休闲经济领域，提供者之间并非单纯的竞争关系，更多的是一种竞合关系。通过行业内的交流与合作，提供者可以共享资源、信息和经验，共同应对市场挑战。例如，定期的行业研讨会、交流会等活动为提供者提供了一个良好的平台，用于分享市场动态、探讨创新方向以及寻求合作机会。这种开放、合作的态度不仅有助于提升提供者的个体竞争力，还能推动整个休闲经济的健康、持续发展。在交流与合作的过程中，提供者还可以借鉴其他行业的成功经验。休闲经济作为一个综合性强、与其他产业关联度高的领域，其发展往往受到其他行业的影响和启发。因此，提供者需要保持开阔的视野，积极关注并学习其他行业的创新实践和先进理念。这将有助于提供者打破思维定式，探索出更多符合市场需求的新产品和服务。

休闲经济的发展也离不开政策法规的支持和引导。提供者需要密切关注相关政策法规的动态，以确保自身的经营活动符合法律法规的要求。同时，提供者还可以积极参与相关政策的制定和讨论，为行业的健康发展贡献自己的力量。在休闲经济中，提供者需要具备敏锐的市场洞察力，及时调整产品和服务策略以满足市场的实际需求。同时，通过行业内的交流与合作以及借鉴其他行业的成功经验不断提升自身的竞争力，并推动整个休闲经济的持续发展。这将是一个不断挑战自我、追求卓越的过程，也是提供者实现长期成功和行业领先地位的关键所在。

（三）消费者与提供者的互动关系

城市休闲经济作为现代城市经济的重要组成部分，其繁荣发展离不开消费者与提供者之间的紧密互动。这种互动不仅推动着休闲产品和服务的持续改进与创新，还为城市的经济发展注入了源源不断的活力。在城市休闲经济中，消费者是市场的核心。他们的多样化需求、个性化偏好及消费习惯直接影响着提供者的经营策略。消费者的需求是推动提供者进行产品和服务创新的重要动力。随着生活水平的提高和生活方式的改变，当代消费者对休闲活动的期待也在不断提高。他们不仅追求物质上的满足，更看重精神上的享受和体验。因此，提供者必须密切关注消费者的需求变化，及时调整产品和服务，以满足他们日益增长的休闲需求。

消费者的反馈是提供者改进产品和服务的重要依据。在享受休闲产品和服务的过程中，消费者会产生各种感受和体验。这些感受和体验通过各种渠道反馈给提供者，成为他们优化产品和服务的重要参考。提供者应建立有效的反馈机制，及时收集、整理和分析消费者的反馈信息，以便有针对性地改进和创新。这种以消费者为中心的经营理念，有助于提供者更好地满足消费者的需求，提升市场竞争力。而提供者在城市休闲经济中扮演着至关重要的角色，通过提供优质的产品和服务，吸引着更多的消费者参与休闲活动。提供者的创新能力和服务质量是决定其市场竞争力的关键因素。为了吸引和留住消费者，提供者需要不断进行产品和服务创新，提高服务质量和效率。这不仅包括引入新的休闲项目和技术，还包括优化服务流程、提升员工素质等方面。通过这些努力，提供者可以为消费者创造更加丰富、多样的休闲体验，从而增强消费者的忠诚度和满意度。

在城市休闲经济中，消费者与提供者之间的互动关系形成了一个良性的循环。消费者的需求和反馈推动着提供者进行改进和创新，而提供者的优质产品和服务又吸引着更多的消费者参与休闲活动。这种互动不仅促进了休闲产品和服务的升级换代，还推动了城市休闲经济的持续发展。随着消费者需求的不断变化和提供者创新能力的持续提升，这种互动关系将更加紧密和深入。此外，政府和相关机构在城市休闲经济的发展中也发挥着重要作用。他们可以通过制定相关政策、提供资金支持和搭建交流平台等方式，促进消费者与提供者之间的有效互动。例如，政府可以设立专项资金支持休闲产业的创新发展，推动提供者提高服务质量和技术水平。同时，政府还可以组织各类休闲产业交流活动，为消费者和提供者搭建一个沟通交流的平台，以推动双方的深入合作和共同发展。

在城市休闲经济的发展过程中，还需要关注一些潜在的问题和挑战。例如，市场竞争的加剧可能导致一些提供者采取不正当竞争手段，损害消费者的利益；同时，消费者的过度消费或不合理消费也可能对休闲经济的可持续发展造成负面影响。因此，政府、提供者和消费者需要共同努力，建立良好的市场秩序和消费观念，从而推动城市休闲经济的健康、可持续发展。深入了解消费者的需求和反馈、不断提高提供者的创新能力和服务质量以及加强政府和相关机构的支持与引导等措施的实施，我们可以进一步推动城市休闲经济的繁荣发展并为城市居民提供更加丰富多彩的休闲生活体验。

二、客体要素：休闲资源与服务

（一）激发城市新活力

淄博烧烤出圈使人们对旅游经济的关注度再度提升。但是，从更广的视界看，淄博烧烤已经超越旅游经济的范畴，进入休闲经济的领域，因为淄博烧烤已经从吸引游客的旅游营销行为，扩展为主客共享、全息治理、产城联动的休闲经济框架。在这里我们不是要将旅游经济和休闲经济对立起来，而是说两者存在交融之处，也存在重要区分。

旅游经济是一种外向性经济，强调吸引游客、服务游客、获取旅游收入、旅游消费并以期拉动本地的消费和就业。这里的“外向”主要是指旅游经济的核心来源“游客”是来自外地，其出游能力和消费能力不由本地决定而由客源地决定。相反，休闲经济是一种内生经济，它在不弱化城市旅游功能的基础上，增强城市包容所有进入者的吸引力，以满足人的个性、多样性、多元性发展为目的，为此需要通过公共投资和公共服务对城市经济进行改良和提升，将“经济城市”推向“人文城市”。在这个过程中，成为城市休闲胜地的区域，势必成为外地游客的打卡地和消费地，于是休闲经济内生出当地的旅游经济。

审视当前国内新一线城市，如成都、杭州和长沙，尽管它们也有很多景点，但它们吸引你去游历的要素主要还是城市本身的休闲功能，包括美食、社交、文化、习俗、城市风貌、人文环境等，因此你会发现这些城市的休闲功能，已经上升为城市性质，休闲功能区发展完善、休闲设施丰富、休闲产业高度发达、环境优美，休闲文化已经与城市融为一体，成为城市的气质与灵魂。

需要强调的是，休闲经济更倾向于人文经济，它是强烈关注人性个体的经济形态。休闲经济的很多基础观点来源于社会学和心理学，主张用经济力量改善市民个体的心理系统和效率系统，这种微观改善将通过使企业受益而给城市带来源源不断的未来发展潜力。

首先，休闲经济的第一目标不是提高经济收入，而是提升个体幸福感。因此，休闲产业虽然也是经济产业，但是它的发展特征比较独特，它利用休闲活动提升幸福感的“独特路径”来塑造产品，以提升市民的幸福感为目标，由此获得溢出收益。休闲活动提升幸福感的“独特路径”在于休闲活动是自由选择的结果，是追求内在快乐和自由的一种理性选择；好的休闲活动能帮助人们进行“自我验证”，甚至获得高峰体验。因此，休闲产业的优秀产品是将休闲活动作为内在激励的回报呈现给参与者。比如，淄博烧烤广场的仪式感和群情力，就对参与者产生了一种参与后的内在回报。我们总在强调“场景”的重要性，实际上，场景不是设计出来的，而是被激励出来的。

其次，休闲经济的功能是要提高参与者的素质和工作效率。如果不能实现这两个功能，休闲经济就会成为一般意义上的娱乐经济或观光经济。大量研究显示，积极的休闲活动是一种不涉及收入再分配的非生产性活动，能提高个体的工作效率，使个体乐于工作、乐于生活，减少人浮于事和机会主义行为。也就是说，口袋公园、城市绿道、儿童天性乐园、乡村徒步、读城之旅等休闲业态，是帮助参与者获取新型人力资本的“润滑剂”和“助燃剂”。这些休闲业态能够也应该从销售“润滑剂”和“助燃剂”中获取持续收益。

（二）对城市休闲化高质量发展的思考与建议

党的二十大报告指出，高质量发展是全面建设社会主义现代化国家的首要任务，是中国式现代化的本质要求。城市休闲化高质量发展是贯彻落实新发展理念的客观要求，更是推进中国式现代化的重要力量。所谓城市休闲化，是指一座城市在人均 GDP

达到3000美元～5000美元阶段以后，在基础设施、居民消费、城市功能和产业结构等方面将相继形成休闲化特征。根据国际经验，在人均GDP突破1.5万美元～2万美元以后，城市休闲化将迈入由数量型发展向质量型发展转型的阶段，最终促进城市居民生活方式的转变和休闲生活质量的不断提高。2022年，在公开披露经济数据的324个城市（自治州、地区、盟）中，人均GDP超过2万美元的城市有32座，显然，这些城市的休闲化高质量发展进程已然开启，并引领着中国式现代化背景下城市休闲化高质量发展的新征程。

中国式现代化是全面发展的现代化，是物质文明、政治文明、精神文明、社会文明和生态文明协调发展的现代化。城市休闲化是经济与产业发展、休闲服务与接待、休闲生活与消费、交通设施与安全、休闲空间与环境等因素综合作用的结果，其高质量发展显然有利于促进“五个文明”的整体性协调发展。随着中国经济步入新常态，经济增长方式从规模速度型转向质量效率型，由要素投资驱动转向创新驱动。与此同时，城市休闲化发展同样面临从规模化向内涵式转变的挑战，以适应高质量发展的要求。笔者所在的“中国城市休闲化研究”课题组多年来的研究结果显示，一方面，从城市休闲化综合评价结果看，各城市在休闲生活与消费水平上的差距最小，而在休闲服务与接待水平上的差距最大，说明城市休闲化供需结构存在明显失衡；另一方面，从各城市内部休闲化结构看，差异性比较显著。如北京、上海、广州、深圳等超大城市休闲化结构耦合协调性较好，而一些大城市休闲化结构耦合协调性较弱，这无疑是城市休闲化高质量发展亟须解决的现实难题。

我国城市发展已经进入“人民城市人民建，人民城市为人民”的新时期。人民城市建设的出发点和落脚点都是为了让人民群众在城市里生活得更美好、更幸福，而城市休闲化高质量发展正是这一理念落地生根的生动实践。

随着我国城市化进程向纵深推进，城市治理工作也进入精细化阶段，一些小而精、小而美的微休闲空间不断在城市的街区、社区，甚至居民的家门口涌现，成为推动城市治理回归日常生活治理的重要手段。2020年上海市文化和旅游局开始推进“家门口好去处”的认定工作，截至2023年已经认定了三批共150个“家门口好去处”，涉及“道路+”“公园+”“生活圈+”等多种类型。这些“家门口好去处”不仅更新了城市的物理空间，而且提升了城市的社交空间和心理空间，深受市民和游客喜爱。如今，“家门口好去处”建设已经在不少城市开展，将休闲服务的“神经末梢”扎根到城市治理的“基础单元”，这十分有利于推进基层社会治理现代化。值得注意的是，以“家门口好去处”为代表的城市微休闲空间同样存在着重形式与符号，轻体验与内容的问题。因此，城市休闲化高质量发展需要更加注重微休闲治理工作，通过调控、引导和重塑城市居民日常休闲生活的秩序，切实推进基层治理体系和治理能力现代化建设。

生态文明建设是推进中国式现代化的必然要求，也为城市休闲化高质量发展提供必不可少的绿色发展基础和户外游憩空间。“中国城市休闲化研究”课题组的研究显示，近十年来，我国城市休闲化进程中的休闲环境指标水平提升明显，其中城市人均公园绿地面积的均值水平逐年提升，空气质量达到及好于二级的天数均值水平也在不断上升，深刻反映出我国城市生态环境治理取得积极成效，城市休闲环境质量得到明显改善。但是也应看到，各城市休闲环境发展水平并不均衡，且休闲环境相对较好的城市仍存在进一步向优的可能性。所以，城市休闲化高质量发展，依然要在场景、产品、业态等休闲化服务体系中，主动融入绿色发展理念，降低自然资源的消耗，实现休闲环境的优质化发展。

实现共同富裕，不仅需要物质富足，更需要精神富有。城市休闲化场景和内容承载着人民的美好生活需要，是促进人民精神生活共同富裕的重要抓手。因而着力解决休闲供给与需求的错配问题，为人民提供更丰富、更高质量的休闲产品，是城市休闲化高质量发展的题中应有之义。首先，在供给端，城市要进一步加大文化、旅游、体育等与休闲密切相关的优质产品供给，形成“文化+”“旅游+”“体育+”等多种类型的休闲产业业态，不断满足本地居民和外来游客的休闲旅游需求，增强其获得感与幸福感。其次，在需求端，城市要把握好人口规模和结构特征，精准对接不同群体的休闲旅游需求。一方面要敏锐洞察新时代大众群体的特点，努力提供与之相适应的休闲旅游活动；另一方面要积极探索特殊群体的休闲旅游需求，如残障人士、老年群体等，让这部分群体能够共享休闲美好生活，实现精神生活共同富裕。

休闲资源门类丰富，包括旅游、文化、体育、娱乐等，均具有物质属性和精神属性双重特征。从物质文明发展层面讲，推动休闲资源的创造性转化，不仅有利于促进产业结构升级，带动就业，而且有利于引领新型休闲消费发展，增强经济高质量发展的新动能。从精神文明发展层面讲，推动休闲资源的创新性发展，能够加速推进文旅深度融合，更好满足人民精神文化生活需要。因此，各城市要大力弘扬创新精神，找准传统休闲资源与现代生产生活的连接点，推进文化和旅游深度融合发展，从而深化旅游休闲城市和街区创建工作，让本地居民和外来游客共享城市文明发展成果，最终推动城市休闲化进程中物质文明与精神文明的协调发展。中国式现代化强调人与自然的和谐共生，这也决定了城市休闲化高质量发展的底色必须是绿色的。一方面，城市要主动把握数字经济发展机遇，将元宇宙应用场景扩展到休闲产业领域，打造数字休闲服务平台，实现自然或人文等休闲资源的可持续利用。数字休闲产品和服务不仅可以极大拓展休闲产业供给内容和供给丰度，最大限度释放休闲消费活力，还将城市、休闲资源、人有效连接起来，实现三者的和谐共生。另一方面，城市要更加注重生态环境以及人与自然的关系，积极探索微更新和微治理工作，推动微休闲空间建设。比如小微绿地、口袋公园等，使绿色休闲空间成为人们日常休闲的好去处，成为人与自然连接互动的好纽带。因此，推动数字化绿色化协同发展，不仅能在供给层面拓宽休闲内容与场景，还能在需求层面升级人们的休闲生活方式和消费习惯，从而有助于实现休闲环境全域共建共享，让人与自然更加和谐。

传统休闲文化是中华文化的重要组成部分，面向新发展阶段，应主动适应时代发展要求，建构现代休闲文化体系，塑造中华民族现代文明新形态，为走和平发展道路贡献力量。一方面，要推动历史文化传承与现代休闲业态的互联互通、优势互补，塑造休闲文化新形态，为城市休闲化高质量发展提供文化支撑。比如，长沙近年来通过对传统文化的创意表达，创造出“文和友”“茶颜悦色”等文旅消费空间，成为居民和游客蜂拥而至的休闲旅游好去处。另一方面，要根植城市本土文化特色，并融合现代元素，讲好城市休闲文化故事，传承和弘扬城市精神。譬如，上海以“咖啡+”为概念，营造出戏剧、运动、艺术、展览等多元素融合的咖啡休闲文化场景，不仅推动了海派文化的传承与发展，而且促进了上海城市品牌建设与形象传播，成为海内外游客体验城市文化、感受城市温度的重要载体。

三、环境要素：政策、设施与文化

城市休闲经济作为现代城市发展的重要组成部分，不仅关乎市民的生活质量，也影响着城市的整体竞争力和吸引力。在城市休闲经济的发展过程中，政策引导、设施建设和文化传承起到了举足轻重的作用。

政策引导是城市休闲经济发展的关键所在。政府通过制定和实施相关政策，为休闲产业的发展提供了有力的支持和保障。这些政策不仅涉及税收优惠、资金扶持等方面，还包括对休闲产业的规划和布局。例如，政府可以制定优惠政策，鼓励企业和个人投资休闲产业，推动休闲项目的开发和建设。同时，政府还可以根据城市的实际情况，合理规划休闲产业的发展方向，避免盲目发展和恶性竞争。

在政策引导下，城市休闲设施的建设也取得了显著成效。休闲设施是城市休闲经济的重要载体，其完善程度直接影响着市民的休闲体验。为了满足市民多样化的休闲需求，城市不断加大对休闲设施建设的投入。公园、广场、博物馆、图书馆等公共休闲场所如雨后春笋般涌现，为市民提供了丰富的休闲选择。这些设施不仅提高了市民的生活质量，还成为城市文化的重要展示窗口。

此外，商业性休闲设施的发展也备受关注。购物中心、电影院、健身房等商业性休闲场所为市民提供了更加多元化的休闲方式。这些设施在满足市民消费需求的同时，也拉动了城市经济的增长。政府与商业机构的合作，使得商业性休闲设施在追求经济效益的同时，也能兼顾社会效益，为市民创造更加优质的休闲环境。

文化传承在城市休闲经济的发展中也具有重要意义。休闲活动不仅是物质层面的享受，更是精神层面的追求。城市在发展过程中形成了独特的文化传统和历史底蕴，这些文化遗产是城市休闲经济的重要资源。通过挖掘和传承城市文化，可以为市民提供更加丰富多彩的休闲体验。

为了推动文化传承与休闲经济的融合发展，城市可以举办各种文化活动，如艺术展览、音乐节、戏剧表演等，吸引市民和游客参与其中。这些活动不仅丰富了市民的精神文化生活，还提升了城市的知名度和美誉度。同时，政府还可以鼓励和支持文化创意产业的发展，将传统文化元素与现代设计理念相结合，打造出具有地方特色的文化产品，满足市民和游客的个性化需求。

在城市休闲经济的发展过程中，还需要关注环境保护和可持续发展的问题。休闲产业的发展不能以牺牲环境为代价。政府应加强对休闲产业的环境监管，推动绿色休闲、低碳休闲的发展。同时，市民也应提高环保意识，珍惜和保护城市的自然和文化资源。

第二章　数字赋能的新视角

第一节　数字赋能下的城市休闲经济新模式

一、线上线下融合的城市休闲体验

（一）线上线下融合的背景与意义

随着信息技术的迅猛发展和互联网的广泛普及，线上线下融合已成为当今社会发展的必然趋势。在城市休闲旅游领域，这一融合模式显得尤为突出，为旅游业带来了前所未有的变革。线上线下融合，简而言之，便是将传统的线下旅游实体与互联网技术有机结合，利用先进的技术手段为游客提供更加优质的服务与体验。这种融合不仅重塑了旅游业的格局，还对游客、旅游企业以及整个旅游产业产生了深远的影响。

线上线下融合在旅游业的应用，极大地突破了时间和空间的束缚。在传统旅游模式下，游客往往需要提前规划行程，遵循固定的时间表进行游览。然而，在线上线下融合的背景下，游客可以随时随地通过网络平台获取丰富的旅游信息，并根据个人喜好和实际情况灵活调整行程。例如，借助移动应用程序，游客可以实时查询景点信息、购票、预订酒店等，大大提高了旅游的便捷性和自主性。此外，一些先进的虚拟现实和增强现实技术还允许游客在线体验部分旅游景点，为他们提供了一种全新的、沉浸式的旅游方式。

在丰富旅游产品和服务方面，线上线下融合也发挥了巨大作用。线上平台为游客呈现了更加多元化的旅游选择，从传统的跟团游到个性化的自由行，从普通的酒店住宿到独具特色的民宿体验，应有尽有。此外，游客还可以通过线上平台了解到当地的特色美食、文化活动等，使旅游体验更加丰富多彩。线下实体则为游客提供了真实的旅游环境和优质的服务。例如，一些旅游景点通过引入智能导览系统、互动式展览等技术手段，提升了游客的参观体验。同时，线下实体还积极举办各种文化活动和节日庆典，让游客能够更深入地了解和体验当地的文化风情。

线上线下融合还推动了旅游产业的创新发展。在互联网和大数据技术的支持下，旅游企业可以更加精准地分析游客的需求和行为习惯，从而推出更加个性化的旅游产品和服务。例如，通过对游客的浏览记录、购买行为等数据进行分析，旅游企业可以为游客推荐符合其兴趣和需求的旅游线路和活动。这种个性化的服务模式不仅提高了游客的满意度和忠诚度，也为企业带来了更多的商业机会和利润空间。在传统的旅游模式下，旅游企业主要依赖线下实体进行竞争。然而，在线上线下融合的背景下，旅游企业需要同时关注线上和线下两个市场。这就要求企业必须具备更强的创新能力和市场竞争力，以应对日益激烈的市场竞争。同时，线上线下融合也促进了旅游产业与其他相关产业的融合发展，如文化、餐饮、交通等。这种跨界的合作模式不仅为游客提供了更加便捷和丰富的服务，也推动了整个旅游产业链的升级和发展。

线上线下融合在旅游业中的应用也面临一些挑战和问题。例如，信息安全问题、服务质量问题等都需要引起足够的重视。为了保障游客的权益和旅游市场的健康发展，政府和企业需要共同努力，加强监管和自律，确保线上线下融合在旅游业中的良性发展。线上线下融合为城市休闲旅游带来了前所未有的变革和机遇，不仅提高了旅游的便捷性、丰富性和个性化程度，还推动了旅游产业的创新发展和跨界合作。然而，面对这一变革，我们也需要正视其中的挑战和问题，并采取相应的措施加以解决。只有这样，才能确保线上线下融合在旅游业中发挥最大的作用，为游客带来更加优质的服务和体验。

（二）线上线下融合的城市休闲体验特点

1.便捷性的深度解析

随着信息技术的迅猛发展和互联网的广泛普及，线上线下融合已成为城市休闲旅游领域的一种显著趋势。这种融合模式不仅重塑了传统旅游行业的格局，更在便捷性方面为游客带来了前所未有的体验。在传统旅游模式下，游客在规划和预订旅游行程时，常常需要亲自前往旅行社咨询或通过电话进行沟通，这一过程既耗时又耗力，且由于信息不对称，游客可能面临诸多不必要的困扰。然而，在线上线下融合的新时代背景下，这一问题得到了有效解决。

线上平台的兴起，使得游客能够轻松通过网络预订机票、酒店以及景点门票，极大地简化了预订流程。游客只需在平台上输入相关信息，便可快速查询到符合需求的旅游产品，并进行实时预订。这种方式的出现，不仅省去了游客排队等待和烦琐的咨询过程，还大大提高了预订的效率和准确性。更为重要的是，线上平台提供了透明化的信息展示，游客可以清晰地了解到各种旅游产品的详细信息，包括价格、位置、设施等，从而作出更为明智的选择。

移动支付技术的普及，为线上线下融合提供了更为便捷的支持。在旅游过程中，游客往往需要支付各种费用，如门票、餐饮、住宿等。传统支付方式下，游客需要携带现金或银行卡进行支付，这不仅存在安全风险，还可能因为找零等问题带来不便。而移动支付技术的引入，使得游客可以随时随地进行支付操作，无须担心现金不足或银行卡遗失等问题。同时，移动支付还提供了详细的消费记录，方便游客进行财务管理和后续核对。

线下实体也在积极响应线上线下融合的趋势，为游客提供更加便捷的服务。例如，许多旅游景点和酒店都引入了自助导览系统，游客可以通过扫描二维码或下载相关应用，获取详细的导览信息和解说词。这种自助导览方式不仅为游客提供了更为灵活自由的参观体验，还减轻了导游的工作压力。此外，智能停车系统的引入，也有效解决了游客在停车过程中可能遇到的困难和不便。通过智能识别车牌号码和自动计费功能，游客可以快速找到停车位并进行支付操作，大大提升了停车的便捷性。

除了上述提到的几个方面外，线上线下融合还在其他方面为游客带来了便捷性。例如，线上平台往往提供丰富的旅游攻略和游客评价信息，帮助游客更好地了解目的地的情况并做出合理的行程规划。同时，线上平台还支持多种语言的切换和实时翻译功能，为国际游客提供了更为友好的服务体验。

线上线下融合显著提升了城市休闲旅游的便捷性，通过线上平台的预订和支付功能、线下实体的自助导览和智能停车系统等创新举措的引入，游客在旅游过程中享受到了前所未有的便捷体验。这种融合模式不仅提高了旅游行业的服务水平和效率，还为游客带来了更加轻松愉快的旅行时光。未来随着技术的不断进步和创新应用的不断涌现，线上线下融合将为城市休闲旅游带来更加广阔的发展空间和无限可能。然而，便捷性的提升并非没有挑战。随着线上线下融合的深入推进，如何确保信息安全、保护游客隐私成为一个亟待解决的问题。旅游企业需要加强技术防范和管理措施，以确保游客信息的安全性和保密性。同时，政府和相关监管部门也需要出台更加完善的法律法规和标准规范，为线上线下融合提供有力的法律保障和监管支持。此外，线上线下融合还需要关注老年人的旅游需求。虽然年轻人对于线上预订和移动支付等新技术接受度较高，但老年人可能面临操作困难和信息不对称等问题。因此，旅游企业在推进线上线下融合时，需要充分考虑老年人的使用习惯和需求特点，提供更加人性化、便捷的服务方案。

线上线下融合为城市休闲旅游带来了显著的便捷性提升，但同时也面临着信息安全、老年人需求等方面的挑战。未来需要政府、企业和游客共同努力，推动线上线下融合在旅游业中的健康发展，为游客提供更加优质、便捷的旅游服务。

2.多样性的细致探讨

随着信息技术的不断进步和互联网的深入普及，线上线下融合已成为旅游业发展的重要推动力。其中，这种融合模式为游客带来了更加多样化的旅游产品选择，极大地丰富了旅游市场的供给，满足了不同游客群体的个性化需求。

线上平台作为信息汇聚和传播的重要渠道，汇集了海量的旅游资源和信息。从广袤的自然景观到珍贵的文化遗产，从奢华的高端酒店到亲民的经济型民宿，各种类型的旅游产品都能在线上平台找到一席之地。这种信息的集中展示，打破了地域和时间的限制，使得游客能够随时随地浏览和选择自己心仪的旅游产品。

更为重要的是，线上平台的出现激发了游客对未知目的地的探索欲望。在过去，由于信息不对称和获取信息的渠道有限，游客往往只能选择知名度较高或传统的旅游目的地。然而，现在游客可以通过线上平台了解到更多小众、独特的旅游目的地，从而开启全新的旅游体验。这种探索未知的乐趣，正是旅游魅力的重要组成部分。

与此同时，线下实体也在积极打造多元化的旅游体验。各类文化活动和节日庆典的举办，为游客提供了亲身感受城市多元文化魅力的机会。这些活动不仅丰富了当地的文化生活，也成为吸引游客的重要亮点。例如，一些城市会定期举办各类文化节庆活动，如音乐节、电影节、美食节等，这些活动为游客提供了深入了解当地文化和风俗的机会，也让他们能够更快融入当地的生活。

线上线下融合的有机结合，使得每一个旅游目的地都呈现出了独特而多彩的面貌。线上平台提供了丰富的旅游资源和信息选择，而线下实体则通过举办各种文化活动和节日庆典，让游客能够亲身感受城市的多元文化魅力。这种融合模式不仅满足了游客多样化的旅游需求，也推动了旅游业的创新和发展。

进一步研究线上线下融合对旅游产品多样化的影响，我们可以发现几个重要的趋势。首先，随着技术的进步，虚拟现实和增强现实等新技术也被引入旅游领域中。通过这些技术，游客可以在线上平台提前体验旅游目的地的景象和文化氛围，从而做出更为明智的选择。这种虚拟体验的方式不仅增加了旅游产品的吸引力，还让游客在出发前就能对目的地有更深入的了解。其次，线上线下融合也推动了旅游产品的个性化定制。线上平台通过收集和分析游客的浏览历史、消费习惯等信息，可以为游客推荐更加符合其兴趣和需求的旅游产品。同时，线下实体也可以根据游客的反馈和需求，灵活调整旅游产品的内容和形式。这种个性化定制的服务模式，让每一位游客都能获得独一无二的旅游体验。最后，线上线下融合还促进了旅游产业的协同发展。线上平台可以将不同地区的旅游资源进行整合和优化配置，从而提高旅游资源的利用效率。同时，线下实体也可以通过与线上平台的合作，扩大自己的市场影响力并吸引更多的游客。这种协同发展的模式不仅有利于提升整个旅游产业的竞争力，还能为游客带来更加全面和优质的旅游服务。

通过线上平台的资源汇集和线下实体的文化活动策划，游客能够享受到更加丰富多彩的旅游体验。同时，新技术的应用和个性化定制服务的兴起也为旅游产品多样化带来了新的发展机遇。未来随着技术的不断进步和市场需求的变化，线上线下融合将继续推动旅游产品向更加多元化、个性化的方向发展。然而，线上线下融合在推动旅游产品多样化的过程中也存在一些挑战和问题。例如，信息过载可能导致游客在选择旅游产品时感到困惑和无从下手；个性化定制服务需要收集和分析大量游客数据，可能引发隐私保护和数据安全的问题；协同发展需要不同地区、不同企业之间的紧密合作和有效沟通，这在实际操作中可能面临诸多困难。

为了解决这些问题并进一步提高旅游产品多样化的质量和效益，我们可以从以下几个方面入手：一是加强信息筛选和推荐算法的研发和应用，帮助游客从海量信息中快速找到符合自己需求的旅游产品；二是建立完善的数据保护机制和安全防护措施，以确保游客数据的安全性和隐私性；三是加强旅游产业内部的协作与沟通机制建设，促进不同地区、不同企业之间的资源共享和优势互补。通过这些措施的实施，我们可以更好地推动线上线下融合在旅游产品多样化方面的应用和发展。

3.个性化的实现路径

大数据技术的应用，使得旅游企业可以对游客的浏览历史、消费习惯、社交媒体互动等多元数据进行全面分析。这些数据不仅揭示了游客的旅游偏好、预算范围、活动喜好等关键信息，还能反映出他们的生活方式和价值取向。基于这些丰富的数据，企业能够构建出精细的用户画像，为每一位游客提供量身定制的旅游方案。以旅游线路推荐为例，传统的推荐方式往往基于大众化的需求和固定的旅游路线。然而，在大数据的支持下，旅游企业可以根据游客的个性化需求，如自然景观偏好、历史文化兴趣、冒险活动倾向等，为他们推荐最适合的旅游线路。这种推荐不仅考虑了游客的喜好，还能根据实时天气、交通状况等因素进行动态调整，以确保游客获得最佳的旅游体验。

除了旅游线路推荐，线上线下融合还在旅游活动的定制化方面发挥了重要作用。借助人工智能技术，旅游企业可以分析游客的历史行为，预测他们可能感兴趣的旅游活动，并据此开发新的旅游产品。例如，对于喜欢户外运动的游客，企业可以推出定制化的徒步、攀岩或骑行活动；对于热爱文化的游客，则可以提供专属的文化体验活动，如手工艺品制作、当地美食品尝等。此外，线上线下融合还为旅游企业带来了精准营销的可能性。通过对游客数据的深入分析，企业可以精准地识别出目标用户群体，并通过个性化的营销信息触达他们。这种精准营销不仅提高了营销效率，还降低了营销成本，使得企业能够更加高效地获取客户并提升客户满意度。个性化服务的实施，对旅游企业而言，不仅提高了服务质量，还带来了显著的商业价值。满足游客的个性化需求能够增强他们的忠诚度和口碑传播，从而为企业带来更多的回头客和新增客户。同时，定制化的旅游产品通常具有较高的附加值，能够为企业带来更高的利润空间。

数据的收集和处理需要强大的技术支持和严格的隐私保护机制。此外，随着游客需求的不断变化和市场竞争的加剧，企业需要不断创新和优化个性化服务策略以保持竞争优势。为了克服这些挑战并进一步提高个性化服务的质量，旅游企业应该加强与技术提供商的合作，引入更先进的大数据和人工智能技术来优化数据分析和用户画像构建的过程。同时，企业还应建立完善的隐私保护政策和技术措施以确保游客数据的安全性和合规性。随着技术的不断进步和游客需求的日益多样化，线上线下融合在个性化旅游服务中的应用将更加广泛和深入。旅游企业需要紧跟时代步伐，不断探索和创新个性化服务的模式和手段以满足游客的不断变化的需求。同时政府和相关机构也应加大对旅游业的支持力度，以利推动行业的持续健康发展。通过大数据和人工智能技术的应用，旅游企业能够更深入地了解游客的需求，并为他们提供更加精准和个性化的旅游方案，这不仅提升了游客的旅游体验还为企业带来了更多的商业机会和价值。

（三）线上线下融合的城市休闲体验案例

以杭州为例，这座历史文化名城通过线上线下融合的方式，为游客打造了独特的城市休闲体验。在线上方面，杭州推出了“杭州智慧旅游”平台，游客可以通过该平台获取全面的旅游信息和服务。同时，各大旅游景点也通过官方网站和社交媒体与游客进行互动，提供虚拟导览、在线购票等服务。

在线下方面，杭州的旅游景点如西湖、灵隐寺等提供了丰富的文化活动和互动体验项目。游客可以参与西湖的游船游览、灵隐寺的禅修体验等，亲身感受杭州的历史文化底蕴。此外，杭州还举办了各种文化节庆活动，如西湖桂花节、杭州茶文化节等，吸引了大量游客前来体验。

二、数据驱动的休闲经济决策

杭州，这座历史文化名城，以其深厚的文化底蕴和美丽的自然景观吸引着世界各地的游客。近年来，随着信息技术的迅猛发展，杭州充分利用线上线下融合的方式，为游客精心打造了一种独特的城市休闲体验，进一步提升了其旅游吸引力。在线上方面，杭州积极拥抱互联网技术，推出了“杭州智慧旅游”平台。这个平台集旅游信息查询、景点推荐、酒店预订、餐饮推荐等多项功能于一体，为游客提供了一站式的旅游服务。游客只需在平台上轻轻一点，便能获取到全面的杭州旅游信息，从而更加便捷地规划自己的行程。

杭州的各大旅游景点通过官方网站和社交媒体与游客进行积极的互动。这些景点不仅提供了详细的景点介绍和游玩攻略，还推出了虚拟导览、在线购票等便捷服务。游客可以在家中就能提前感受到景点的魅力，为实地游玩做好充分的准备。此外，社交媒体上的实时互动也让游客能够及时获取景点的最新动态，与其他游客分享游玩心得，从而极大地丰富了旅游体验。

在线下方面，杭州的旅游景点更是提供了丰富多彩的文化活动和互动体验项目。以西湖为例，作为杭州的标志性景点，西湖不仅拥有美丽的湖光山色，还提供了游船游览、湖畔品茶等多种休闲方式。游客可以乘坐游船，在湖上欣赏美丽的风景，感受那种宁静与惬意。同时，湖畔的茶室也是游客们休憩的好去处，品一杯香茗，欣赏西湖的美景，别有一番风味。

灵隐寺作为杭州的另一大名胜古迹，也为游客提供了独特的禅修体验。游客可以在这里参加禅修课程，学习佛法知识，感受那份宁静与祥和。此外，灵隐寺还提供了素斋餐饮服务，让游客在品味美食的同时，也能感受到佛教文化的独特魅力。

除了这些传统的旅游景点外，杭州还积极举办各种文化节庆活动，如西湖桂花节、杭州茶文化节等。这些活动以杭州的传统文化为主题，通过展览、表演、互动体验等多种形式，让游客更加深入地了解杭州的文化底蕴。在这些活动中，游客不仅可以欣赏到精彩的文艺表演，还能品尝到地道的杭州美食，购买到特色的手工艺品，从而全方位地感受到杭州的独特魅力。此外，杭州还注重将线上线下融合的理念运用到旅游服务的各个方面。例如，在景点入口处设置电子导览屏，提供多语种的导览服务；在景区内设置智能停车位，方便游客自驾游览；通过大数据分析游客的游玩习惯和兴趣偏好，为游客提供更加个性化的旅游推荐等。这些智能化的服务措施不仅提高了游客的游玩体验，也进一步提升了杭州作为旅游目的地的吸引力。

杭州在打造独特城市休闲体验的过程中，还十分注重可持续旅游的发展。通过推广绿色出行方式、倡导文明旅游行为、加强旅游资源保护等措施，杭州努力在旅游业发展与生态环境保护之间找到平衡点。这种可持续发展的理念不仅有助于保护杭州的自然和文化资源，也为游客提供了更加绿色、健康的旅游环境。在线上方面，通过智慧旅游平台和社交媒体等渠道提供全面的旅游信息和服务；在线下方面则通过丰富多彩的文化活动和互动体验项目让游客亲身感受杭州的历史文化底蕴。这些举措不仅提升了游客的满意度和忠诚度，也进一步推动了杭州旅游业的发展和创新。未来随着科技的不断进步和消费者需求的持续变化，杭州还将继续探索更加智能化、个性化的旅游服务方式，为游客提供更加优质、便捷的旅游体验。而这种独特的城市休闲体验也将成为杭州旅游业的一大亮点和核心竞争力，吸引着更多的游客前来感受这座历史文化名城的魅力。

三、智能化休闲服务与管理

随着科技的飞速发展，智能化已逐渐渗透到城市休闲服务与管理中，为城市居民和游客提供了前所未有的便捷和舒适的休闲体验。智能化休闲服务与管理不仅提高了服务质量，还推动了休闲产业的创新和升级。在智能化休闲服务方面，城市中的各种智能设施和系统为游客和居民提供了个性化的服务。以城市公园为例，智能化的导览系统可以帮助游客方便地找到想去的地方，同时提供景点的详细信息和历史背景。此外，智能化的运动设施，如智能健身器材，可以根据个人的身体状况和运动习惯，为游客制订个性化的运动计划，并在运动过程中实时监测身体状况，以确保运动的安全和有效。在智能化管理方面，城市休闲场所通过引入先进的管理系统和技术，实现了对场所内各项资源的有效监控和调度。例如，通过安装智能传感器和监控系统，可以实时监测场所内的人流、空气质量、噪声等环境指标，从而及时调整场所的运营策略，确保游客的舒适和安全。同时，智能化管理系统还可以对场所内的设施进行远程监控和维护，及时发现并解决问题，以确保设施的正常运行。

除了提高服务质量和管理效率外，智能化休闲服务与管理还推动了休闲产业的创新和升级。一方面，通过引入智能化技术，休闲场所可以提供更多元化、个性化的服务，满足游客的不同需求，从而提升游客的满意度和忠诚度。另一方面，智能化技术也为休闲产业带来了新的商业模式和盈利点。例如，通过大数据分析游客的消费行为和偏好，可以为游客提供更加精准的营销和服务，同时也可以为商家提供有价值的商业洞察和决策支持。尽管智能化休闲服务与管理带来了诸多便利和优势，但也面临着一些挑战和问题。首先，数据安全和隐私问题是智能化服务中不可忽视的问题。由于智能化服务需要收集和处理大量的个人信息，如何确保这些信息的安全和隐私保护成了一个亟待解决的问题。其次，智能化技术的引入也需要大量的资金投入和技术支持，对于一些小型和中型的休闲场所来说可能是一个不小的负担。

为了充分发挥智能化休闲服务与管理的优势并解决相关问题，政府和企业需要共同努力。政府可以出台相关政策和标准，规范智能化服务的发展和应用，同时加大对智能化技术的研发和推广力度。企业则可以积极探索智能化技术在休闲服务与管理中的应用模式和创新点，同时加强与其他产业和领域的合作与交流，共同推动智能化休闲服务与管理的发展。随着人们生活水平的提高和休闲观念的转变，城市休闲服务与管理也需要不断适应和满足游客和居民的多样化需求。例如，可以引入更多的文化元素和创意活动，丰富休闲场所的文化内涵和体验感；同时加强场所的可达性和无障碍环境建设，为不同群体提供更加友好的休闲环境。

城市休闲智能化休闲服务与管理为城市居民和游客提供了更加便捷、舒适和个性化的休闲体验。然而，在享受智能化服务带来便利的同时，也需要关注数据安全和隐私保护等问题。政府和企业应共同努力推动智能化休闲服务与管理的健康、高质量发展，为城市居民和游客创造更加美好的休闲生活。

第二节　数字赋能推动城市休闲经济高质量发展的路径

一、提高休闲经济效率与消费者体验

（一）休闲经济高质量发展的挑战

近年来，中国休闲经济经历了迅猛的发展。这一发展的显著特征表现在两个方面：一是休闲产业的持续扩张与创新，其中旅游、文化、娱乐和体育等领域不断推出新颖的休闲产品和服务，同时休闲工业和休闲农业也逐渐崭露头角，极大地丰富了市场选择。二是消费者休闲需求的升级，现在人们更倾向于追求个性化、高品质、多元化和体验式的休闲方式。然而，随着我国经济由高速增长转向高质量发展，休闲经济也面临着几个亟待解决的问题。

首要的问题是休闲产业供需结构的不平衡，尤其是高质量产品的稀缺。尽管市场上的休闲产品琳琅满目，但大多缺乏创新，内容单一，而那些新颖的产品往往价格高昂且体验并不理想。此外，休闲场所的基础设施和硬件配套缺乏创新，现代化的休闲

场所如公共文化空间、体育馆、科技馆等数量有限。同时，进行休闲活动的必要条件，如交通和通信，仍有待改善，特别是“最后一公里”的交通问题尚未得到根本解决。更为严重的是，市场上同类休闲产品的质量差异巨大，以次充好的情况屡见不鲜，难以满足消费者日益升级的需求。同时，行业内跟风现象严重，许多企业盲目追逐流行热点，推出缺乏创意的产品和服务，结果往往造成资源的浪费和消费者的不满。

休闲产业还面临的另一个挑战是技术装备和智能化水平的不足。游乐设施、公共健身器材等休闲设备制造业的技术实力薄弱，导致产品科技含量低、工艺落后，难以满足高端需求。在软件方面，与发达国家相比，我国休闲产业在科技创新、研发投入和大数据应用等方面存在明显差距，这直接影响了高端休闲产品的品质。以 VR 技术在休闲领域的应用为例，我国在应用场景、市场规模、平台建设和软件开发等方面均落后于发达国家，导致 VR 休闲产品的真实感和互动性不足。

此外，提升休闲产业从业者的整体素质也刻不容缓。一些企业家在管理模式和经营策略上过于保守，不成体系；而部分员工则缺乏创新能力，专业技能和服务意识也有待加强。这些问题不仅阻碍了企业与时俱进，也影响了产品和服务的市场竞争力，从而制约了休闲产业的长期发展。

（二）新质生产力对休闲经济发展的作用

新质生产力的核心在科技创新所驱动的劳动对象、劳动资料和劳动者的本质变革，这种变革以全要素生产效率的提高为最终目标。在休闲经济领域，这一核心价值的体现尤为突出，它依赖“新三要素”——高科技的劳动对象、高效能的劳动资料以及高素质的劳动者，以推动其迅猛且持续的发展。

深入探讨高科技的劳动对象，不难发现大数据技术的广泛运用正加速休闲产业新业态的孵化。随着时代的演进，我国经济活动的劳动对象已经由传统的物质资源，逐渐转变为蕴含丰富多维度信息的大数据。在休闲产业中，大数据的融入催生“产业数字化”与“数字产业化”两大新兴趋势，这两者共同构筑了休闲经济发展的新动力。

“产业数字化”主要体现在数字技术如何为休闲产业注入新的生命力和活力。以文旅业为例，借助互联网和 VR 技术的融合，传统的文旅模式正在被重新定义。云上景区游览、文化历史的沉浸式与交互式体验，已经成为现实，并日益受到消费者的青睐。这种数字化的转型，满足消费者多样化、高端化的需求，更在某种程度上重塑文旅业的未来走向。

而“数字产业化”则为休闲产业的数字化进程提供坚实的技术、产品和服务支撑。例如，搭建游客数据平台，休闲产业能够更好地洞察消费者的需求和偏好，从而进行更为精准的市场定位和产品开发。新一代全息技术的研发和应用，更是为休闲产业带来前所未有的机遇，使其能够以全新的方式呈现自身，吸引更多的消费者。

科技的日新月异为休闲产业带来生产效率的显著提高。在数字化时代，各种技术精密的工具和先进技术的出现，正在深刻地改变休闲产业的生产方式。特别是工业物联网技术的广泛应用，使得供应链管理得到全面的优化；通过智能监控、智能诊断、智能决策等手段，完善了生产工艺和生产流程，降低了能源消耗，进而实现了成本的降低和效率的提高。

高素质的劳动者无疑是休闲产业持续健康发展的关键所在。对于企业家而言，具备跨领域的知识储备，使他们更好地洞察产业发展趋势，精准把握市场脉搏，从而为企业制定出更为长远和具有前瞻性的发展规划。而对于普通员工来说，专业素养和技术能力的提升，则意味着他们能够更加高效地完成工作任务，设计和制造出更为优质、创新的休闲产品。但更为关键的是，休闲服务的质量在很大程度上决定企业的成败。高素质的员工能够提供更为周到、细致的服务，从而极大地提升消费者的体验感。这种体验感的提升，能够增强消费者的忠诚度和满意度，更能够在竞争激烈的市场环境中，为企业赢得更多的市场份额和口碑。

新质生产力在休闲经济中的体现是全方位、多层次的，从高科技的劳动对象到高效能的劳动资料，再到高素质的劳动者，每一个环节都充满变革与创新。而这种变革与创新，正是推动休闲经济不断向前发展的核心动力。随着科技的持续进步和人才素质的不断提升，休闲经济将会迎来更为广阔的发展空间和更为辉煌的未来。

（三）发展新质生产力需要政府、企业、劳动者共同发力

1.要更好地发挥政府作用，助力休闲产业形成新质生产力

政府支撑在休闲产业形成新质生产力过程中起着举足轻重的作用，为产业的持续创新和健康发展提供了关键的制度保障。为了营造公平良好的休闲产业营商环境，政府需要从多个维度进行切入，其中法治环境的建设显得尤为重要，它为休闲经济的良性运营奠定了坚实的基础。

在法治环境建设方面，政府应致力于完善休闲产业相关的法律法规，明确产权保护、市场竞争、消费者权益等方面的规定。这不仅有助于规范市场主体的行为，减少不正当竞争和侵权行为，还能提升企业对法律法规的遵从度，进而促进整个行业的有序发展。

政府在资源配置中的角色也至关重要。为了充分发挥市场在资源配置中的决定性作用，政府需要简政放权、放管结合。这意味着政府应减少对企业决策和市场行为的直接干预，转而专注于提供优质的公共服务，如基础设施建设、人力资源培训等。同时，政府还应构建一个基本的制度框架，既要确保市场的公平竞争，又要为休闲产业的灵活性和创造性提供足够的空间。

为了激励休闲产业的科技自主研发，并促进科技产业与休闲产业的深度融合，政府可以推出一系列具有针对性的政策举措。例如，对实行科技创新升级的休闲企业以及为休闲产业提供技术支持的科技企业，政府可以给予一定程度的减税降费、资金补贴、金融红利等财政支持政策。这些政策旨在降低企业的研发成本，提高其进行科技创新的积极性。

除了财政支持外，政府还可以为“科创萌新”企业提供技术、设备、人才等方面的支持。这包括但不限于设立科技创新基金、搭建产学研合作平台、推动科技成果转化等。通过这些措施，政府可以帮助初创企业突破技术瓶颈，加速其成长壮大。

在制定政策时，政府不仅需要考虑整个休闲产业的共性需求，还需要根据不同企业的诉求制定个性化的支持办法。这种“一企一策”的做法能够更精准地满足企业的

实际需求，提高政策的有效性和针对性。

为了验证政策的有效性和可行性，政府可以挑选一批休闲产业内不同规模的企业进行试点。通过试点，政府可以及时调整政策方向和支持力度，以确保政策的科学性和实效性。同时，这些试点企业也可以为同规模的其他企业提供宝贵的发展经验，推动整个行业的共同进步。

在休闲产业科技创新的发展过程中，政府的监管作用不可忽视。政府需要定期对科技成果进行评估和转化水平的考核，以确保休闲产业能够可持续地发展新质生产力。此外，政府还需要对资金和资源的使用情况进行监督，以确保这些资源能够真正用到实处，为休闲产业的创新发展提供有力的支持。通过营造良好的法治环境、优化资源配置、推出激励政策、加强监管等措施，政府可以为休闲产业的持续创新和健康发展提供有力的保障。随着科技的不断进步和市场的日益开放，我们相信在政府的引导下，休闲产业将迎来更加广阔的发展空间和更加辉煌的未来。

2.要提升休闲产业的科技创新能力，以科技创新赋能休闲经济发展

在休闲产业中，企业的角色至关重要，它们是孕育创新的摇篮，而创新则是企业持续发展的活力源泉。为了保障休闲经济的健康发展，各企业必须不断提高科技创新能力，以应对日益激烈的市场竞争和消费者需求的多样化。

科研投入是科技创新的基础。休闲产业中的企业应进一步增加对科研的资金投入，设立专门的研发基金，以支持新技术的开发和试验。同时，企业应加强核心技术的研究，特别是在人工智能、大数据分析、云计算等前沿领域，力求取得突破性的进展。加快建设休闲产品研发中心是提升科技创新能力的关键一环。企业应集中优势资源，组建高素质的研发团队，专注于开发具有市场竞争力的新产品。通过不断的技术积累和创新实践，企业可以逐步建立起完善的研发体系，为休闲产业的持续发展提供源源不断的创新动力。为了全力突破高精尖技术瓶颈，企业需要与高校、科研机构等建立紧密的合作关系，共同开展技术攻关和项目开发。通过产学研一体化的合作模式，可以加快科技成果的转化和应用，使科技创新真正转化为实际的生产力。

休闲产业正面临着转型升级的重要时期，深化产业结构改革势在必行。企业应精准布局创新链，明确自身在产业链中的定位和发展方向。通过技术创新和模式创新，推动产业向智能化、高端化、绿色化方向发展。加速创新链、产业链、资金链、人才链的四链融合是休闲产业发展的必然趋势。企业应积极探索新的商业模式和盈利方式，实现产业链的优化和升级。同时，加强资金管理，提高资金使用效率，为科技创新提供充足的资金支持。此外，重视人才培养和引进，建立完善的人才激励机制，吸引和留住优秀人才，为企业的创新发展提供坚实的人才保障。在推进传统休闲产业转型升级的过程中，企业应注重运用新技术和新理念，提高服务质量和效率。例如，通过智能化技术的应用，改善客户体验，提高运营效率；通过绿色化发展，降低能耗和排放，实现可持续发展。

休闲经济的发展离不开实体经济的支撑。企业应积极探索新一代信息技术与实体经济的深度融合路径，打造如智慧乡村文旅、数字体育等新实体。通过引入互联网、物联网、大数据等技术手段，实现实体经济的数字化转型和智能化升级。在智慧乡村文旅方面，企业可以利用信息技术手段对乡村旅游资源进行整合和优化配置，提供个性化的旅游服务体验。同时，通过大数据分析游客行为和需求偏好，为游客提供更加精准和便捷的旅游服务。在数字体育领域，企业可以借助虚拟现实、增强现实等技术手段打造沉浸式的运动体验环境。通过智能化的运动设备和数据分析系统为运动爱好者提供更加科学有效的训练指导和健康管理服务。

科技创新是创造休闲新产业和开辟新赛道的关键所在。企业应密切关注市场动态和技术发展趋势，及时捕捉新的商业机会和增长点。例如，依托生物技术还原侏罗纪公园等创新项目不仅可以吸引大量游客前来体验还能推动相关产业链的发展和完善。此外结合 VR、全息技术、3D 等技术开展室内全感官极限运动也是科技创新在休闲产业中的典型应用之一。这些新兴技术为消费者带来了前所未有的娱乐体验同时也为企业创造了新的利润增长点。

近年来，杭州借助数字经济发展新优势，拓宽文旅产业发展新赛道，积极打造“数字文旅第一城”，擦亮了城市发展新名片。当前，“数字化+文旅”已成为一种发展趋势。着力构建数字化文旅业态、营造智能化体验空间、研发创意化消费产品、形成新型化运维思路，将为各地文旅行业发展注入新活力新动能。

以数字化赋能，充分挖掘大数据潜在价值。借助数字化技术，面向不同群体开展调查，广泛开展文旅数据的采集、存储、加工、分析工作，逐步建立文旅大数据分析应用平台，形成“数字化采集—网络化传输—智能化计算”数字链条。依托云计算、智能算法等技术，充分使用数据、分析数据结构、开展数据研究，以数据信息反馈研究游客的参观内容偏好、场景环境喜好，整合各方意见，持续优化提升各类消费体验场景及服务，让大数据为文旅产业的提质扩容、业态创新、加速发展提供指引，为文旅产业高质量发展提供更多创新发展方案。

以数字化加持，着力构建大营销宣传体系。瞄准数字化、智能化方向，以技术助力，打造一批集休闲、娱乐、观光等于一体的数字文旅品牌活动，通过电视、广播、报纸、网站、新媒体等平台，持续进行文旅品牌宣传阵地建设。综合运用多种形式的宣传和营销，以网络直播、视频输出、网络文学、特色鲜明的网络音乐、吸引眼球的话题讨论、亮点突出的H5页面等丰富宣传形式；以独具创意实用美观的文创产品、融合当地特色的文化活动等方式强化地域文化IP输出。通过一系列营销宣传，逐步建立以地域文旅品牌为核心、具有鲜明IP的现代化大营销宣传体系。

以数字化助力，打造技术大应用体验场景。在内容数字化方面，对重要景点、文物等广泛收集图片、视频及历史故事、文艺作品等，以云展览、VR视频等形式在线展示；开展遗迹遗址、景区景点数字化工作，开发游戏小程序、App，将文旅资源转化为游戏中的系统要素，打造线上游戏、线下打卡的互动娱游场景。在景区场景数字化方面，利用人脸识别、身份认证等技术，简化参观环节；对珍贵文物进行数据采集，利用3D复原、超高清数字互动等技术，打造数字化体验场景；使用元宇宙技术，打造具有景点特色的虚拟人，为游客提供讲解、路线导引等服务；加大景区智能讲解、无人商店等设施建设力度，不断提高服务水平。

以数字化治理，形成景区大保护发展格局。文旅资源要在保护的基础上开发、在开发的过程中保护，应着力推进景区治理现代化、文旅资源保护科学化。为此，要乘着数字化东风、深刻理解数字化的内涵。数字化不是简单地使用先进科技，而是要注重形成数字化治理思维，从数字化视角出发改进文旅资源的运营与管理、开发与保护。基于此，应采取多种措施，如利用现代科技建立景区大数据平台，随时掌握景区人数，将其控制在可承载范围内；综合运用智慧云眼等高清设备，对景区重点文物进行全面监控管理，对可能出现的风险及时处理，对发现的不文明行为尽快制止，以推动景区治理水平实现提高。

以数字化互联，推动构建大文旅协作机制。同一区域内，应强化文旅部门、景区、企业、网络平台等单位的合作，提供更多便捷平价的“食宿行游购娱”在线服务选项，以高质量的线上服务供给吸引更多线下游客；同时，联合打击各种线上线下的“宰客”行为，形成齐抓共管的良好局面。区域间，应深化跨地区文旅产业合作机制，放眼更大范围，推动数字文旅资源共享，联动统筹景区营销策划、集中宣传，协同制定游访路线、加强经验沟通交流，实现跨地区共谋精品路线、共享文旅红利。通过区域内统筹发展、区域间协同合作，实现互利共赢，不断提高区域文旅品牌的美誉度、知名度，让文旅产业辐射带动区域经济高质量发展。

当前，数字化时代日新月异，智能化技术加速变革。各地文旅行业应抢抓数字化发展机遇，坚持服务为本、内容为王、创意为要，不断满足大众多样化的体验需求，让广大游客在数字化场景中感受文旅产业的新型发展成果，在创意化设计中体验文旅资源的独特文化魅力，奋力开创“数字化+文旅”新局面。

3.要大力培养、引进科技创新型的休闲产业人才，通过培训提高技能、服务质量、服务态度

在休闲产业的发展过程中，优化人才结构、打造高水平的人才队伍是至关重要的。一个系统性的人才团队能够为休闲产业提供持续的创新力和竞争力，从而推动产业的转型升级和高质量发展。休闲产业的发展需要各类专业人才的共同努力。为了构建这样的人才队伍，我们应该明确各类人才的角色和职责，包括战略人才、设计人才、制造人才和服务人才等。战略人才负责规划休闲产业的发展方向和目标，设计人才则专注于产品和服务的创新设计，制造人才负责将设计理念变为现实，而服务人才则致力于提供优质的客户体验。在构建人才队伍时，我们还应注重人才的多元化。不同背景、不同专业领域的人才能够为团队带来更多元化的视角和思考方式，从而激发更多的创新思维。因此，我们应该积极吸引和培养来自不同领域的人才，共同为休闲产业的发展贡献力量。

为了提升休闲产业从业者的专业素养和创新能力，我们应该深化产学研用合作，充分利用高校、研究机构和企业等各方资源。高校和研究机构拥有丰富的研究资源和教育资源，而企业则具有实际的市场经验和运营能力。通过产学研用合作，我们可以将理论与实践相结合，培养既懂理论又具备实践能力的高素质人才。在实施产学研用合作时，我们应该注重课程设置的实用性和前瞻性，以确保学生所学知识与市场需求紧密相连。同时，我们还应该鼓励学生参与实际项目，通过实践锻炼他们的创新能力和团队协作能力。此外，建立无障碍沟通平台也是至关重要的，它能够促进各方之间的信息交流与合作，共同推动休闲产业的发展。

为了吸引和留住高素质人才，我们应该制定具有吸引力的人才政策。这包括提升高端人才的薪资待遇和补贴标准、增加日常生活的福利项目以及开展人才栽培计划等。同时，我们还应该积极推动人才国际交流合作，为人才提供更广阔的发展空间和机会。在制定人才政策时，我们应该充分考虑人才的需求和期望，确保政策能够真正吸引和留住他们。此外，我们还应该建立完善的人才评价体系，根据人才的贡献和能力给予相应的回报和激励。

为了激发人才的积极性和创新性，我们应该完善人才激励和考核机制。这包括建立科技创新激励制度，对实现重大科技突破的人才进行嘉奖和宣传。同时，我们还应该健全人才荣誉表彰体系，给予优秀人才应有的荣誉和认可。在完善激励和考核机制时，我们应该注重公平性和透明度，确保每个人都能够根据自己的贡献和能力获得相应的回报。此外，我们还应该建立反馈机制，及时了解人才的需求和意见，以便不断优化和完善相关政策。

优化人才结构、打造高水平的人才队伍是推动休闲产业高质量发展的关键所在。我们应该从构建多元化、专业化的人才队伍、深化产学研用合作、制定吸引和留住人才的政策以及完善人才激励和考核机制等方面入手，全面提高休闲产业的人才水平和竞争力。只有这样，我们才能加速实现休闲经济的转型升级和高质量发展。

二、驱动创新与转型升级

休闲经济，作为一种新兴的经济形态，正以其独特的魅力驱动着创新与经济的转型升级。在当今社会，随着人们生活水平的提高和消费观念的转变，休闲已成为人们生活中不可或缺的一部分。休闲经济的发展不仅满足了人们日益增长的精神文化需求，更为经济的创新和转型提供了新的动力。休闲经济的崛起，得益于现代社会的多元化和个性化需求。在传统经济模式下，产品和服务往往以功能性为主，而在休闲经济中，消费者更加追求体验性、情感性和文化性。这种需求的变化，促使企业不断进行产品和服务的创新，以满足消费者的多元化需求。因此，休闲经济的发展本身就是一种创新驱动的过程。

在休闲经济的驱动下，传统产业开始寻求与休闲元素的结合，以实现转型升级。以旅游业为例，传统的观光旅游已逐渐转变为体验式旅游，游客不再满足于简单的拍照留念，而是希望更深入地了解当地的文化、风俗和生活方式。这种转变促使旅游业不断创新，推出更多具有地方特色的旅游产品，从而提高了旅游业的附加值和竞争力。同时，休闲经济也催生了一批新兴产业，如文化创意产业、体育休闲产业等。这些产业以创新和创意为核心，通过提供独特的休闲体验和服务，吸引了大量消费者。例如，文化创意产业通过挖掘和传承传统文化，结合现代科技手段，打造出独具特色的文化产品，不仅丰富了人们的休闲生活，也为经济发展注入了新的活力。

休闲经济在驱动创新与转型升级的过程中，还呈现出一些新的特点。一是跨界融合成为趋势。休闲经济打破了传统行业的界限，实现了文化、旅游、体育、娱乐等多个领域的深度融合，为消费者提供了更加丰富多彩的休闲选择。二是数字化转型加速。随着互联网技术的发展，休闲经济正逐步实现数字化转型，线上线下的融合为消费者提供了更加便捷的服务体验。三是绿色发展成为共识。在休闲经济的发展过程中，人们越来越注重生态环境的保护，绿色、低碳、可持续的发展理念深入人心。休闲经济在驱动创新与转型升级的过程中也面临一些挑战。一方面，市场竞争日益激烈，企业需要不断创新以保持竞争优势；另一方面，消费者的需求日益多样化，如何满足不同消费者的需求成为企业需要解决的问题。此外，休闲经济的发展还需要政策的支持和引导，以营造良好的市场环境。

为了应对这些挑战，政府和企业需要共同努力。政府应加强对休闲经济的政策支持和监管力度，推动产业健康发展；同时，还应加强基础设施建设，提高公共服务水平，为消费者提供更好的休闲环境。企业应加大科研投入，加强自主创新能力建设，不断推出新产品和服务以满足市场需求；同时，还应注重品牌建设和服务质量的提高，树立良好的企业形象和口碑。在未来的发展中，我们应充分认识休闲经济的重要性，把握其发展规律和特点，积极推动创新与转型升级的进程。通过政府、企业和社会的共同努力，我们相信休闲经济将为经济的发展注入新的活力，为人们的生活带来更多的幸福感和满足感。

第三章　追求高质量的城市休闲经济

第一节　高质量城市休闲经济的特征与标准

一、可持续性

可持续性是高质量城市休闲经济的基石。休闲经济的可持续性体现在对环境资源的合理利用和保护上，旨在实现经济、社会和环境的和谐发展。在城市化进程中，绿色发展、低碳生活已成为时代潮流，这就要求城市在推进休闲经济建设时，必须充分考虑生态环境的承载能力。城市应优化休闲空间布局，避免过度开发导致的环境破坏。例如，通过合理规划城市绿地、公园等休闲场所，不仅能够为市民提供宜人的休闲环境，还能有效改善城市微气候，提高城市整体生态环境质量。同时，推广绿色出行方式，如鼓励市民使用公共交通、骑行或步行进行休闲活动，以减少碳排放，实现休闲活动与环境保护的良性互动。

二、多样性

多样性是高质量城市休闲经济的重要特征之一。它体现在休闲产品、服务和活动的丰富多样上，能够满足不同群体的多元化需求。一个充满活力的休闲经济应当包含文化娱乐、体育健身、旅游观光等多种元素，为市民提供多样化的休闲选择。城市应积极培育和发展各类休闲产业，如文化创意产业、体育产业等，以丰富休闲市场的产品供给。同时，通过举办各类文化活动、体育赛事等，增强城市的吸引力和影响力，促进休闲经济的繁荣发展。多样性的休闲经济不仅能够提高市民的生活质量，还能为城市带来新的经济增长点。

三、体验性

体验性是高质量城市休闲经济的核心要素。在消费升级的背景下，人们越来越注重休闲活动的体验感和参与感。因此，提升休闲产品和服务的体验性成为城市休闲经济发展的关键。为了实现这一目标，城市应关注消费者的个性化需求，提供定制化的休闲产品和服务。例如，通过大数据技术分析消费者的偏好和行为习惯，为其推送符合其需求的休闲信息和服务。同时，加强休闲场所的互动性和参与性设计，让消费者在休闲活动中获得更多乐趣和满足感。

四、创新性

创新是推动高质量城市休闲经济持续发展的动力源泉。在科技日新月异的今天，城市必须不断创新休闲产品和服务模式，以适应市场的变化和消费者的需求。城市应鼓励和支持休闲产业的技术创新、管理创新和模式创新。例如，利用互联网、大数据等现代信息技术手段提升休闲服务的智能化水平，探索休闲产业与其他产业的融合发展路径以及推动休闲产业的国际化发展等。这些创新举措将有助于提升城市休闲经济的竞争力和影响力。

第二节　实现高质量城市休闲经济的策略与路径

一、规划先行，科学布局

在实现高质量城市休闲经济的过程中，规划先行与科学布局显得尤为重要。这两个方面不仅是提高城市休闲经济质量的基石，也是保障其可持续发展的关键。规划先行意味着在城市休闲经济发展之初，就需要有一个全面、系统的发展蓝图。这种规划不仅涉及空间的合理配置，还包括时间上的长远考虑。从空间角度来看，规划先行要求对城市内的休闲资源进行细致入微的梳理，明确各类休闲设施、景点、服务区的功能与定位。例如，对于历史文化区域，规划应突出其文化特色，打造独特的文化休闲体验区；对于自然风光区域，则应注重生态保护与景观利用的平衡，创造与自然和谐共生的休闲环境。

时间上的规划同样重要。城市休闲经济的发展不是一蹴而就的，而是需要长期的投入与培育。因此，规划先行还应包括对发展阶段的科学划分，以及各阶段目标的明确设定。这样不仅可以保证休闲经济的有序发展，还能在面对市场变化时及时调整策略，保持发展的灵活性与可持续性。科学布局则是在规划先行的基础上，进一步细化城市休闲经济的空间与时间安排。在空间布局上，科学布局强调各类休闲设施与服务的均衡分布，以满足不同区域居民和游客的多样化需求。这要求决策者充分了解城市内部的空间结构、人口分布以及交通状况，以确保休闲设施的可达性与便利性。同时，科学布局还应注重休闲设施之间的互补性，避免同质化竞争，形成各具特色、协同发展的休闲经济圈。

时间布局方面，科学布局则要求根据季节、节假日等因素，合理安排休闲活动的时间表。例如，在旅游旺季，应增加特色活动和服务，以满足大量游客的需求；而在淡季，则可以通过举办特色节庆活动、推出优惠政策等方式，吸引本地居民和周边游客，保持休闲经济的稳定发展。除了空间与时间的科学布局外，实现高质量城市休闲经济还需要关注以下几个方面。

一是休闲设施的品质提升。无论是公园、景区还是娱乐场所，都应注重设施的品质与服务水平。这不仅包括硬件设施的完善与更新，还包括软件服务的专业化与人性化。通过提升设施品质，可以增强游客的满意度与忠诚度，进而促进休闲经济的持续发展。

二是文化特色的挖掘与传承。每个城市都有其独特的历史文化和地域特色，这些元素是打造高质量休闲经济的重要资源。通过挖掘和传承这些文化特色，可以丰富休闲活动的内容与形式，提升城市的吸引力与竞争力。

三是生态环境的保护与利用。城市休闲经济的发展不能以牺牲生态环境为代价。

相反，应充分利用城市的自然资源与生态环境，打造绿色、生态、可持续的休闲空间。这不仅可以提高城市居民的生活质量，还能吸引更多对生态环境有要求的游客。

规划先行与科学布局，是实现高质量城市休闲经济的核心策略与路径。通过全面、系统的规划以及细致入微的布局安排，可以确保城市休闲经济的有序发展、可持续发展以及高品质发展。同时，还应注重设施品质的提升、文化特色的挖掘与传承以及生态环境的保护与利用等方面的工作，共同推动城市休闲经济迈向更高的发展水平。

二、提高休闲产品品质与服务水平

随着城市居民生活水平的提高，休闲经济逐渐成为城市经济发展的重要组成部分。休闲产品品质与服务水平的提高，对于满足人们日益增长的休闲需求，促进城市休闲经济的持续发展具有深远意义。本小节将从多个维度探讨如何提高休闲产品的品质与服务水平。

在休闲产品品质的提高方面，核心在于创新与差异化。当前市场上休闲产品同质化现象较为严重，这在一定程度上削弱了消费者的消费欲望。因此，休闲产品提供者需要深入挖掘消费者的需求，结合自身的资源和优势，开发出具有独特性和创新性的休闲产品。例如，可以依托当地的文化特色和历史背景，打造具有地域特色的休闲产品，或者引入新的科技元素，为消费者提供更加智能化、个性化的休闲体验。无论是产品的设计、生产，还是销售环节，都需要严格把控质量关，以确保产品的高品质。此外，对于消费者的反馈和建议，企业应积极采纳并及时调整产品策略，以满足市场的不断变化。

在服务水平的提高方面，关键在于提高服务人员的专业素养和服务意识。服务人员是休闲产品与消费者之间的桥梁，他们的服务态度和专业水平直接影响着消费者的体验。因此，企业应定期对服务人员进行专业培训，提升他们的服务技能和服务意识，确保为消费者提供优质的服务。企业应明确服务流程和服务标准，确保每一位消费者都能享受到标准化、专业化的服务。同时，企业还应建立有效的客户投诉处理机制，对于消费者的投诉和建议，应及时响应并妥善处理，以维护企业的良好形象和消费者的权益。

除了上述策略外，企业还可以通过与相关行业进行合作，共同提高休闲产品的品质与服务水平。例如，可以与旅游、餐饮、住宿等行业进行合作，打造一站式的休闲服务体验，满足消费者的多元化需求。这种跨界合作不仅可以拓宽企业的业务范围，还可以为消费者提供更加便捷、高效的休闲服务。

随着科技的不断发展，特别是信息技术的日新月异，为休闲经济的创新发展提供了无限可能。利用大数据、云计算等先进技术，可以精准分析消费者的休闲需求和消费习惯，从而为他们提供更加个性化、定制化的休闲产品和服务。此外，借助社交媒体、移动互联网等平台，可以加强与消费者的互动与沟通，及时了解他们的反馈和需求，以便不断优化产品和服务。政府应加大对休闲产业的支持力度，制定相关优惠政策和行业规范，为休闲经济的健康发展提供良好的政策环境和法律保障。同时，加强行业监管和自律机制建设，防止恶意竞争和违法行为的发生，以确保休闲市场的公平与公正。

三、推动产业融合与创新发展

城市休闲经济作为现代城市经济的重要组成部分，其在推动产业融合与创新发展方面具有显著的影响。随着城市居民生活水平的提高和消费观念的转变，休闲经济正逐渐成为城市发展的新动力，引领着产业的融合与创新。

产业融合是城市休闲经济发展的必然趋势。休闲经济的兴起，使得原本相互独立的产业开始寻求合作与共赢，以实现资源共享和优势互补。例如，旅游业与餐饮业、娱乐业、文化产业等的融合，形成了旅游+餐饮、旅游+娱乐、旅游+文化等新型业态，这些新业态不仅丰富了休闲经济的内容，也为消费者提供了更加多元化、个性化的休闲体验。

在产业融合的过程中，创新发展是其核心驱动力。城市休闲经济通过引入新技术、新理念和新模式，不断推动产业的创新升级。以数字化技术为例，随着大数据、云计算、物联网等技术的快速发展，休闲产业得以实现更加精准的市场定位、个性化的服务提供以及高效的管理运营。这些技术创新不仅提升了休闲产业的竞争力，也为消费者带来了更加便捷、智能的休闲体验。同时，城市休闲经济的创新发展还体现在对传统文化的挖掘与传承上。许多城市在推动休闲经济发展的过程中，注重将传统文化元素融入其中，打造具有地域特色的休闲产品。这种文化与休闲的结合，不仅增强了休闲经济的文化内涵，也为传统文化的传承与发展提供了新的载体。

产业融合与创新发展对城市休闲经济的推动作用是多方面的。首先，它促进了休闲产业链的完善与延伸。在产业融合的过程中，各个环节之间的联系更加紧密，形成了从上游到下游的完整产业链。这种产业链的完善不仅提高了资源的利用效率，也降低了运营成本，从而提升了整个休闲产业的竞争力。其次，产业融合与创新发展推动了休闲产业的集群化发展。随着休闲产业的不断壮大，相关企业和机构开始在一定区域内集聚，形成了休闲产业集群。这种集群化发展不仅有利于企业之间的资源共享和合作创新，也有利于提升整个区域的经济实力和影响力。

城市休闲经济的创新发展还带动了相关产业的转型升级。例如，随着休闲旅游的兴起，传统的制造业开始转型生产旅游纪念品、特色手工艺品等休闲产品，以满足消费者的多样化需求。这种转型升级不仅为传统制造业注入了新的活力，也促进了产业结构的优化升级。城市休闲经济在推动产业融合与创新发展的过程中也面临着一些挑战。例如，不同产业之间的融合需要打破行业壁垒和体制障碍，这需要政府、企业和社会各界的共同努力。同时，创新发展也需要持续的技术投入和人才培养，以确保休闲经济能够保持持续的创新力和竞争力。为了充分发挥城市休闲经济在推动产业融合与创新发展中的作用，政府应加大对休闲产业的支持力度，制定相关优惠政策和产业发展规划，为休闲经济的健康发展创造良好的政策环境。同时，企业也应积极拥抱新技术和新理念，不断创新产品和服务模式，以满足消费者不断变化的需求。此外，社会各界也应加强对休闲经济的关注和研究，为其发展提供有力的智力支持和舆论氛围。

城市休闲经济在推动产业融合与创新发展方面具有显著的影响和潜力。通过加强政策支持、企业创新和社会关注等方面的努力，我们可以进一步发挥休闲经济的优势和作用，为城市的可持续发展注入新的活力和动力。

四、营造良好休闲环境与文化氛围

随着现代生活节奏的加快，城市居民对于休闲的需求日益凸显，城市休闲经济应运而生，成为推动城市经济发展的新动力。在城市休闲经济的发展过程中，营造良好的休闲环境与文化氛围显得至关重要，这不仅能够提高城市居民的生活质量，还能进一步促进休闲产业的繁荣与发展。

休闲环境是城市休闲经济的基础，它涵盖了自然环境、设施环境以及社会环境等多个方面。自然环境的优美与宜人，是吸引人们走出家门、享受休闲时光的重要因素。因此，城市在规划和发展过程中，应充分注重生态环境的保护与建设，打造绿树成荫、清新宜人的休闲空间。同时，设施环境的完善与否，直接关系休闲活动的便利性和舒适度。城市应加大投入，完善休闲设施，如公园、广场、步行街等，为市民提供多样化的休闲场所。此外，社会环境也是不可忽视的一环，它涉及休闲活动的安全、秩序以及文化氛围等方面。城市管理者应加强治安管理，维护休闲场所的秩序，同时积极引导市民文明休闲，营造良好的社会氛围。

在营造良好休闲环境的基础上，文化氛围的打造同样重要。文化是一个城市的灵魂，也是休闲经济中不可或缺的元素。城市应充分挖掘自身的历史文化资源，通过举办各类文化活动、建设文化设施等方式，丰富市民的文化生活，提升城市的文化底蕴。例如，可以依托博物馆、图书馆等文化场所，开展讲座、展览等文化活动，满足市民对知识的渴求和对美的追求。同时，鼓励和支持民间艺术团体的发展，让传统文化在现代休闲生活中焕发新的活力。

为了营造更加浓厚的文化氛围，城市还可以借助现代科技手段，打造数字化文化休闲平台。通过建设数字博物馆、数字图书馆等线上文化设施以及推广虚拟现实、增强现实等技术在文化休闲领域的应用，为市民提供更加便捷、丰富的文化体验。这种科技与文化的融合，不仅能够拓宽市民的文化视野，还能进一步推动文化产业的创新发展。

除了上述措施外，城市在营造休闲环境与文化氛围的过程中，还应注重个性化与差异化的打造。每个城市都有其独特的历史底蕴和文化特色，这些元素是打造个性化休闲环境与文化氛围的宝贵资源。城市应结合自身特点，打造独具特色的休闲空间和文化活动，避免千篇一律的同质化现象。例如，历史文化名城可以依托其丰富的历史遗迹和文化传统，打造古色古香的休闲街区和文化体验区；而现代都市则可以借助其繁华的商业氛围和现代化的建筑风格，打造时尚前卫的休闲购物中心和文化创意产业园区。

此外，城市休闲经济的发展还离不开社会各界的共同参与和支持。政府应发挥主导作用，制定科学合理的休闲经济发展规划，加大政策扶持力度，引导社会资本投入休闲产业。同时，鼓励和支持企业、社会组织等多元主体参与休闲经济的建设与发展，形成全社会共同推动的良好局面。通过优化自然环境、完善设施环境、提升社会环境以及打造浓厚的文化氛围等多方面的努力，我们可以为城市居民提供更加优质、多元的休闲体验，进一步推动城市休闲经济的持续繁荣与发展。

第四章　数字化背景下的休闲经济

第一节　数字化技术在休闲经济中的应用

一、移动互联网与休闲经济

近年来，移动互联网发展迅猛，手机早已成为我国国民第一大上网终端设备。人与互联网的连接从 PC 端到手机端的这一转移极大地改变了人们的工作和生活方式，利用手机进行网络休闲已成为人们闲暇时间不可或缺的休闲方式。国民休闲通常是指覆盖全体人民、实现全民共享的休闲活动，因此，可以说移动互联网引发了当代国民休闲的变革，对国民休闲行为产生了诸多直接和间接的影响。

本章基于网络数据分析，着重从移动互联网手机端对国民外出旅游休闲行为和国民日常休闲行为的影响进行梳理分析。

（一）移动互联网与旅游休闲行为

随着消费升级，国民旅游休闲的需求逐渐增强，出游意愿进一步上升。在线旅游行业移动端的迅速发展使国民旅游休闲行为发生了系统性变化，具体表现在旅游休闲信息的获取、旅游休闲消费的方式、旅游休闲的过程体验和旅游休闲的互动、反馈四个方面。

1.移动互联网使国民旅游休闲信息获取更便捷

出游之前，旅游休闲者已习惯通过智能手机或平板电脑在携程、去哪儿旅行、马蜂窝等 App 上随时随地获取目的地旅行团、旅行路线、自由行攻略、景区评价以及酒店、机票、租车等服务信息。在线旅游市场则为旅游休闲用户提供了交通、住宿、度假旅游等旅游产品的综合信息检索、咨询与预订服务。有旅游出行需求的用户对其习惯使用 App 的忠诚度处于很高的水平，即在线旅游 App 用户黏性不断增强。人们越来越接受并习惯使用在线旅游 App 来获取旅游休闲信息，以便享受方便快捷的出行服务。

2.移动互联网革新了旅游休闲的消费方式

从本质上看，旅游消费方式是一种生活方式，它体现着社会生产力的发展和人民生活水平的提高，是新消费观的重要体现。与传统旅游消费信息不对称、个体的局限性强等使旅游者被动接受信息的现状不同，移动互联网凭借其独特的双向互动方式改变了旅游者与旅游供应商的关系，并逐渐转向旅游者拉动，从而刺激了企业主导供给的消费市场向消费者需求市场转变，拉动主动旅游休闲消费行为的发生。

首先，旅游消费活动的个性化需求凸显。不仅体现在旅游者对旅游产品和旅游项目的选择上，还体现在对旅游过程中的花费投入和参与互动程度上。移动互联网与旅游业的融合，促使旅游者的消费模式与移动互联网产生千丝万缕的联系，旅游者消费能力不断升级，对旅行品质的要求越来越高，希望获得优质的产品和服务，其个性化需求倒逼供给者开发定制旅游产品。以在线度假跟团游市场份额排名第一的途牛 App 为例，从其产品“牛人专线”优化提升游客跟团游的体验，到“超级自由行”整合碎片化旅游资源通过线上打包组合来保障用户的个性化体验，再到其线下门店一对一沟通收集顾客偏好都体现着旅游者的个性化需求融入产品或服务设计中，使旅游者更加乐意为“我喜欢的”或“单独为我定制的”产品与服务买单。

其次，移动互联网使旅游产品的支付方式更加便捷。在线支付使旅游者和旅游产品之间实现了无缝连接，人们可以直接通过手机端第三方支付平台如支付宝、微信、百度钱包等来支付旅游产品的费用，甚至可以先用后还，如驴妈妈 App“先游后付款”形式的出现就开启了“延后付款，说走就走”的新模式。

3.移动互联网提升了国民在旅游途中的休闲体验

在旅游休闲过程中，移动互联网可作为进行旅游休闲行为的辅助工具。

首先，随着 5G 技术的普及，移动互联网的实时性功能使“边玩边订”的旅行方式变成现实。开启手机移动端 GPRS 定位设置，旅游者的位置信息即被获取，与其位置相关的餐饮即时预订、攻略即时匹配、地图即时查询、门票即时购买都大大提高了国民旅途休闲体验的质量，便捷性和自主性大大增强。

其次，移动互联网促使旅游休闲出行方式的选择更加多样化。火车、汽车、飞机等传统交通工具在占据主导地位的同时，移动出行的市场规模快速增长，移动租车、打车、拼车等服务使汽车行业进入共享化出行阶段。共享自行车、共享电动车凭借实时定位、网络约车、扫码解锁、方便快捷的特征有效解决了国民“最前一公里”与“最后一公里”问题，大大提升了国民休闲出行的品质。

另外，人们还可以在出游途中通过使用移动应用 App 提升休闲体验，如听音乐、玩小游戏、看电影电视节目、浏览短视频、直播节目、运动健身等，显然，听音乐和玩游戏的方式在国民旅游出行过程中填补了旅途的无聊与空虚，也为旅途增添了更多的趣味。

4.移动互联网可使旅游休闲者实现游中即时互动与游后分享反馈

移动互联网终端即智能手机和 5G 网络的普及，使旅游者可以随时随地分享旅游休闲感受。如在微信朋友圈、QQ 空间或微博等社交平台即时分享文字、图片、视频等旅游见闻，记录旅行生活中的美好细节；在携程、去哪儿、马蜂窝等专业旅游或社交旅行网站分享出行经验、攻略，吐槽不满，反馈旅行消费产品；在抖音、快手等短视频或直播平台将用手机美图 App 拍摄的旅行图片或视频加工制作成 Vlog 分享到朋友圈进行实时互动，这些都使旅游休闲者能够体验更多的乐趣。

（二）移动互联网与日常休闲行为

移动互联网不仅影响着国民外出旅游休闲行为，对国民日常休闲行为的影响更是无处不在，具体表现为移动端手机 App 对日常休闲行为的直接影响和间接影响：直接影响即成为传统休闲行为的在线形式、丰富传统休闲行为的线上内容；间接影响即提高线下休闲行为的效率、增强线下休闲行为的影响力。本章将玩游戏、看电视、逛街购物、欣赏音乐、约会聊天、阅读书籍等线下实际休闲行为界定为传统休闲行为。

1.直接影响

（1）移动互联网影响下的休闲成为传统休闲行为的在线形式。随着移动互联网的发展，网络在线休闲功能越来越强大，使用手机游戏类 App 玩在线休闲游戏，使用视频类 App 观看在线电影、电视、短视频，使用购物类 App 进行网上下单购物，使用音乐类或有声读物类 App 享受音乐、听故事、相声等，使用即时通信类或社区交往类 App 进行在线聊天、沟通交流等休闲活动的本质仍然都是传统的休闲方式，只是依托移动互联网技术，将线下的休闲活动搬到了线上，通过指尖的点击得以实现而已。通过这种线上形式，人们在移动互联网上休闲的选择更加丰富，切换更加灵活。随着“移动互联网原住民”——“00 后”等新势能人群的崛起，我国游戏市场份额已超过美国达到全球第一的位置。而对于休闲玩家来说，无须下载的“即时游戏”如微信小程序游戏等易上手的、规则相对简单的休闲移动游戏越来越受欢迎，它们无须安装、却往往能通过多变的玩法和题材，在有限的时间内带给玩家即时的娱乐体验。

在这些休闲移动游戏用户群体中，女性群体占比 42.6%，与男性群体占比几乎平分天下，而她们在整体游戏用户占比中却只占 24.1%，证明女性对休闲移动游戏的偏爱更多一些。从用户年龄分布上看，各年龄段均有一定的占比，23～29 岁的最高，达 38.4%，50 岁以上的最少，也有 5.1%，游龄绝大部分都在一年以上，每天每周都会玩，这表明通过移动休闲游戏进行休闲的群体类型比较广泛。人们可以利用碎片化时间随时随地进行游戏休闲，游戏玩伴选择灵活。

人们不仅可以通过打游戏进行休闲，而且还可以通过观看视频及听音乐进行休闲。其中，视频服务占比上升幅度最大，占比提升 6.1%。游戏服务、综合资讯、电子阅读和音乐音频时长占比也有不同程度的扩大，用户休闲娱乐方式更加多样化。

（2）丰富传统休闲行为的线上内容。移动互联网可高效地为休闲行为提供更加丰富的内容材料。如提供新闻资讯类内容的 App：腾讯新闻、网易新闻、今日头条等，这些新闻资讯的线上内容更新非常迅速，用户在移动互联网上能够第一时间获得最即时的休闲材料，他们不仅将了解新闻资讯作为获知生活、社会诸多事件的基本媒介，而且认为这种阅读的娱乐、消遣意义多于学习意义。传统阅读休闲活动随着专业阅读类 App 和手机浏览器的综合性个性化推送，使拥有阅读兴趣爱好的用户可以通过手机端应用进行直接、高效的搜索、阅读，如掌阅 iReader、QQ 阅读、书旗小说、百度阅读、微信读书等应用，在阅读资源分类上更加细化，更新进度上更加及时，能够为用户提供其最感兴趣的内容。

随着移动直播内容监管的提升，凭借低级趣味博人眼球的直播平台纷纷关停整改，各大直播平台专心深耕内容，提供更加品质化、多样化的内容选择，用户体验明显提升。这就为传统休闲行为中看视频、看电影等活动提供了更丰富、更直接的内容体验。移动直播休闲用户规模逐渐稳定，由于移动直播设备门槛降低，每个人不仅可以通过观看移动直播节目达到休闲目的，而且全民皆可直播，成为主播。整体来看，泛娱乐用户观看直播最主要的原因是放松解压。除此之外，求知好奇、从众、主播、颜值、游戏电竞、社交、排遣寂寞等原因也都占据相当的比例。内容方面，秀场才艺直播仍是最偏好的内容类型，搞笑、美食、明星和游戏等类型也受大众喜爱，聊天互动、健身、户外、吃秀等多种类型也有不容小视的受众量。

此外，以抖音为代表的短视频休闲兴起分流了部分偏好碎片化内容的用户，其生产门槛低、内容宽度广，从而带动国民休闲进入了短视频全民生产力时代，开辟了新的休闲“黄金时间”，即早（上班前）中（午餐时间）晚（下班后+睡前）进行短视频娱乐休闲的习惯时间。企鹅智库 2019 年 3 月的最新数据显示，手机短视频用户中有 20.5%的用户每天会观看短视频一个小时以上，更年轻的用户通常愿意刷上更久的短视频用作娱乐。

2.间接影响

移动互联网对日常国民休闲行为的直接影响本质上仍是传统休闲行为的延伸，是国民传统休闲行为的在线形式，这些休闲行为本身是在使用手机移动端 App 进行休闲，在线上虚拟环境中获得放松、愉悦的感受。而移动互联网对日常国民休闲行为的间接影响则体现在实实在在的线下休闲活动当中，即提高了线下休闲行为的效率、增进了线下休闲行为的影响力。

（1）提高了线下休闲行为的效率。移动互联网是移动通信与互联网深度融合的产物，在国民日常休闲中，其丰富的内容和应用使人们可以随时随地获得自身线下休闲行为所需的全方位信息及配套服务，辅助国民的线下休闲行为，从而改变着国民消费习惯，进而提高线下休闲行为的效率。以线下购物休闲活动为例，移动设备成为国民购物休闲的必备工具，移动购物大行其道。这一变化得益于支付宝、微信钱包等第三方支付平台被广泛接纳和使用，人们普遍认为“无现金”的生活更便捷、更高效。移动互联网进一步催生社交电商和粉丝经济，社交平台集社交与购物于一体，并通过大数据算法进行个性化、有针对性的消息推送及人气偶像网红的强大消费引导力，大大降低了人们日常购物的搜寻、比价、交通等精力和时间消耗，提高了国民休闲购物行为的效率和质量。

在交通出行领域，移动互联网可凭借定位服务让休闲者能够随时知晓自己所处的位置，还可基于位置信息，自主查询周边的饭店、娱乐等信息，随时进行线下休闲行为调整和选择。自驾游的兴起就得益于移动互联网技术的广泛应用，无论是私家车自驾采用高德地图、百度地图等工具进行导航定位、查询住宿、预订门票，还是拼车、租车采用滴滴出行、顺风车等应用叫车、预约，都为线下休闲行为提高了效率、提升了体验。

就休闲健身领域而言，健身类 App 可以帮助人们解决健身场地、项目和私教问题，还可结合可穿戴设备如运动手环，智能跑步机等智能健身器械，提高线下运动健身休闲效率和体验。又如，美食类 App 可以帮助人们学习制作美食、医疗服务类 App 可以让人们获得医疗保健知识、辅助睡眠、健康养生……这些移动互联网应用无疑使国民线下的日常休闲行为更便捷高效。

（2）增强了线下休闲行为的影响力。移动互联网可以通过线上分享行为增强线下休闲行为的影响力。比如，对线下美好生活的记录可使用美图拍照类 App 进行编辑上传，通过社交平台 App 分享出去，影响身边的社交圈并引领整个社会的休闲风尚。很多人选择在微信朋友圈、QQ 等社交工具分享自己的休闲经历，大部分人愿意分享的主要原因是记录生活中的美好细节，这些细节可以感染朋友圈的人，强化对他人休闲行为的印象，同时还可以为他人提供参考，不同的线上分享行为产生的影响力存在一定的差异。

这说明移动互联网对生活类休闲应用影响更频繁，国民可以通过生活类休闲内容的分享，对其线下日常生活休闲行为产生间接影响。

从时间段来看，社交分享时间段集中在早上 8 点到 12 点，晚上 7 点之后分享量再次提升，晚上 9 点到 10 点间达到最高峰。可见移动互联网休闲行为的社交分享对线下休闲行为产生影响力的主要时间段为早晚非休息时段。

从分享渠道、不同收入分享人群来看，不同群体在分享平台和分享内容上存在差异。分享到 QQ 的用户中，男性较多；分享到新浪微博的用户中，女性较多。从不同收入人群来看，高收入者在购物上分享较多，对线下影响力更强；低收入者在游戏上分享较多，对线下影响力较弱。

从分享平台来看，不同的分享平台分享的内容不同。比如 QQ 空间分享偏向休闲娱乐，新浪微博分享偏向健身和休闲游戏。另外，视频类休闲 App 的线下影响力不容小觑，如抖音、快手等。

总之，移动互联网应用为休闲行为的传播提供了技术实现方式，通过这种分享传播自身休闲行为的方式，人们可以通过社交互动传递休闲活动体验，从而增强了线下休闲行为的影响力。

（三）移动互联网带给国民休闲行为的问题

移动互联网在为国民休闲行为带来各种便利的同时，也带来了一系列对身心健康、信息安全、休闲观念的负面影响，应当引起公众的警觉。

1.网络休闲上瘾行为会对人的身心造成威胁

网瘾行为会对人的身体健康造成威胁，尤其是对学生群体的影响，如小学生、中学生、高职学生、大学生等。据相关调查，高职学生中，13%的学生网龄至少 10 年，甚至有的学生从小学开始就已经对游戏成瘾；中职学生中，对手机产生依赖的人数占总人数的 38.1%，近四成；大学生中，10.4%的学生为网络成瘾者，这些数据表明相当一部分学生群体对网络休闲形成依赖，上瘾问题较突出。另外，移动互联网会诱使移动休闲者做出过度休闲行为，尤其对于自律性较差的休闲者。比如，本想在移动互联网上购物下单后睡觉，可是看到推送内容后却不知不觉地点进去继续浏览同类或其他产品，休闲行为不容易停下来。长此以往，移动互联网本身会对人的健康直接造成损害或通过占用人的其他运动休闲时间，间接影响休闲者的身体健康，轻则导致熬夜影响睡眠，重则使人患上心理障碍、心理失衡等心理疾病。

2.移动互联网会对休闲者信息安全造成威胁

移动互联网的开放性和无线传输的特性使信息安全成为用户休闲面临的关键问题。信息安全威胁是指某人、物、事件、方法等因素对某些信息资源或系统的安全使用造成的威胁，移动互联网休闲应用虽然能给人们带来便捷高效的体验，但同时也会使得休闲用户信息暴露风险增大，比如 2018 年 3 月曝光的“5000 万 Facebook 用户信息泄露事件”就充分印证了这一点。相关调查显示，逾七成的人认为个人信息泄露问题严重，究其原因就在于移动互联网用户对个人信息的过多披露是导致信息泄露的根源。尤其是社交网络推荐算法的精确性可以记录用户在网页中的停留时间、产品页面浏览次数、鼠标滑动轨迹和对链接的点击等所有在线操作行为。因此，用户的个人爱好、习惯、家庭住址、工作单位等信息都会被移动互联网记录、收集和分析，从而对国民的休闲行为信息安全造成威胁。

3.移动互联网使人的休闲观念发生异化

休闲学研究专家杰弗瑞·戈比在《你生命中的休闲》一书中认为，人应当“以欣然之态做心爱之事”，古希腊亚里士多德认为“休闲与沉思不可分割”，然而现代社会本身就是一个快节奏的时代，移动互联网虽然因其丰富的内容、即时性、个性化的特点为国民休闲活动提供了便利，但正是这样的休闲反而使人们的休闲行为显得过于急促，有时间、有精力投入慢节奏的深入思考成为一种奢求，休闲观念向即时享乐方向靠拢，碎片化的时间使休闲观念也趋于表面，而无“欣然之态”。对电子产品和网络化休闲方式的过度依赖，还容易造成人们心灵的异化。国民休闲行为应当更多地享受休闲的情调、气氛、格局、档次等，而不是异化为单纯的物化休闲。

综上所述，移动互联网是一把“双刃剑”，在给国民休闲带来积极影响的同时，不可避免地带来了一些问题，倡导科学、健康、文明的休闲方式是走向未来美好生活的必然要求。第一，应充分发挥移动互联网对休闲观念的引导作用，使人们树立正确的休闲观；第二，完善网上监管制度，坚决打击网络发布不良信息者，加强对网页及移动应用的监管；第三，加强现实社区建设，提升居民对现实社交群体的归属感；第四，完善基础休闲设施，为国民提供良好的休闲环境。

（四）移动互联网对国民休闲行为的影响趋势

2019 年被称为 5G 元年，随着第五代移动通信（5G）技术的研发，人工智能、虚拟现实、增强现实等新兴移动互联网关键技术的进一步布局，QuestMobile 研究院对移动互联网趋势研究报告预测，到 2020 年 5G 手机出货量将达到 1 亿部，物联网设备数达 99.8 亿部，VR/AR 头显设备数达 940 万部。从“互联网”到“物联网”的转变，将打造休闲体验全真场景化，带来国民休闲体验的新升级，实现智慧休闲。

所谓的物联网，就是在万物智能化的前提下再接入 5G 网络，从而实现更为广阔的应用场景。包括智能家居、智慧交通、智能医疗、智能电网、智能物流、智能农业、智能电力、智能安防、智慧城市、智能汽车、智能建筑、智能水务、商业智能、智能工业和平安城市。每一个场景都将会有无限的可能，唾手可得的信息和超智能方式为休闲提供更加广阔的发展视野，带给人们全真式、浸润式的休闲体验。比如，在虚拟现实技术领域，5G 能够使 VR 技术应用到更多新的休闲领域，例如体育赛事中站在场上某个球员的角度体验足球比赛，像冰上的运动员那样体验滑冰活动，与休闲行为相关的自动驾驶汽车、在线取景、8K 视频等具有 5G 功能的设备、设施开始进入相关领域，这将对国民的休闲行为产生更大的冲击。2017 年，杭州举办首届人工智能与智慧休闲展，吸引了众多互联网知名企业；2018 年，李彦宏斥巨资在北京打造世界上第一个 AI 公园，打造智慧休闲生活；2018 年年底，武汉市结合休闲农业与乡村旅游需求，利用云计算、大数据、互联网、移动互联网等信息技术，打造智慧休闲农业云平台。移动互联网技术的提升与应用环境的完善，将推动休闲向智慧方向发展并大范围普及应用。移动网络速度的提升、费用的降低、地图导航和语音导览系统的更加成熟，以及小程序、大数据等新技术的运用，都将提升国民的休闲体验并创造新的应用场景，使智慧休闲成为趋势。

1.生活基础设施的演化升级，将使国民休闲时间得到拓展

2013 年，宋瑞教授主持进行的“中国国民休闲行为调查”中提出闲暇时间不足是休闲制约的首要因素，包括家庭劳务时间过长，工作和生活难以平衡。而智能家居的应用会很大程度上释放家庭劳务时间，智能家居的应用以家为单元，如电器控制、灯光控制、温度控制、场景控制、播放音乐等，将多个场景和家居物品联系起来形成一个巨大的生态，更多的智能化技术将融入日常家庭生活中。进一步来说，伴随信息基础设施的强大，智能办公桌、智能墙壁走进生活，大大提高人们的办公效率，缩短工作时长，人们将获得越来越多的自由时间，而闲暇时间的增加为更多的休闲行为注入强心剂，将推动国民休闲进入更自主的发展阶段。

2.移动互联网的精细化运营，将助力国民休闲族群化、个性化体验

大数据、云计算等技术，能够根据移动手机端用户的浏览习惯，生成个人独有的兴趣标签，从而为用户提供更加契合化的信息咨询。企业在高新技术的基础上进行的精细化运营，将有力促成休闲方式的个性化发展。

移动互联网还将助推族群化的快速发展，多层级市场满足更垂直细分需求。根据兴趣圈层进行细分的市场（二次元文化人群、体育爱好者、美妆达人等）或通过定位人口特征划分（年龄、性别、职业、收入和受教育程度等）的市场都呈现出不同的休闲需求，移动互联网将通过大数据分析和算法推荐，引导同类需求的群体迅速走到一起，助推族群化休闲的实现。尤其是以下三种群体带来的休闲市场应当引起特别关注：一是女性在移动互联网消费中的异军突起，“她经济”未来的市场发展潜力巨大。二是银发市场，老年手机网民的增长速度越来越快，超级智能化的产品越来越适应老年人的需要，适合老年通过手机进行的虚拟休闲的产业也将迅猛发展。三是“小镇青年”（三线城市及以下“90后”群体）对手机消遣时间的休闲娱乐需求显著。移动互联网未来将有能力打造多层级市场，通过精细化运营满足国民休闲各群体不断增长的个性化需求。

二、大数据与休闲经济

在数字化时代，大数据技术的迅猛发展为各个领域带来了前所未有的变革，城市休闲经济也不例外。大数据的应用，正在重塑城市休闲经济的面貌，为其发展注入了新的活力。大数据技术的核心在于对海量数据的收集、处理和分析，从而挖掘出有价值的信息。在城市休闲经济领域，大数据的应用主要体现在市场洞察、用户行为分析、资源配置优化以及个性化服务等多个方面。

市场洞察是大数据在城市休闲经济中的重要应用之一。通过对历史消费数据、市场趋势、社交媒体舆情等多元数据的综合分析，大数据能够帮助企业更准确地把握市场动态和消费者需求。这种深入的市场洞察为企业制定营销策略、调整产品结构提供了科学依据，进而提升了市场竞争力。

用户行为分析是大数据技术的另一大应用领域。在休闲经济中，了解消费者的偏好、消费习惯以及消费路径等信息至关重要。大数据技术能够追踪和分析用户的在线行为、购买记录等，从而构建出精细的用户画像。这些宝贵的数据资产不仅有助于企业实现精准营销，还能为消费者提供更加个性化的服务体验。

资源配置优化也是大数据在城市休闲经济中发挥的重要作用。城市休闲场所如公园、景区、娱乐场所等，其资源分配和运营效率直接影响市民和游客的休闲体验。通过大数据分析，可以实时监测人流量、设施使用率等指标，进而动态调整资源配置，提高运营效率。例如，在旅游旺季，通过大数据分析预测游客流量，景区可以合理分配导游、车辆等资源，以确保游客的舒适度和满意度。

个性化服务是大数据技术在城市休闲经济中的又一亮点。随着消费者对于个性化需求的不断增长，提供定制化的休闲服务已成为行业发展的新趋势。大数据技术能够根据消费者的历史行为和偏好，为其推荐合适的休闲项目和活动。这种个性化的服务不仅提升了消费者的满意度，也为企业带来了更高的客户黏性和利润空间。

除了上述应用外，大数据还在城市休闲经济的风险管理和决策支持方面发挥着重要作用。通过对市场数据、用户反馈以及社交媒体舆情等的实时监测和分析，企业可以及时发现潜在的风险和问题，从而作出快速而准确的决策。这种基于数据的决策方式，大大提高了企业的应变能力和市场竞争力。大数据在城市休闲经济中的应用也面临着一些挑战。数据的收集、存储和处理需要强大的技术支持和资金投入；同时，数据安全和隐私保护也是不容忽视的问题。因此，在推进大数据应用的过程中，需要综合考虑技术、经济、法律等多方面的因素，以确保大数据技术的健康、可持续发展。

为了充分发挥大数据在城市休闲经济中的潜力，政府、企业和研究机构应共同努力。政府应出台相关政策，支持大数据技术的研发和应用，同时加强数据安全和隐私保护的监管；企业应积极探索大数据技术与休闲经济的深度融合，创新业务模式和服务方式；研究机构则应加强对大数据技术的研究和创新，为行业的发展提供智力支持。

三、人工智能与休闲经济

（一）人工智能在休闲经济中的应用

1.智能推荐系统

在休闲经济中，消费者的个性化需求正逐渐成为主导市场趋势的重要因素。随着社会的进步和科技的发展，人们对于休闲活动的期望不再仅停留在传统的、千篇一律的层面上，而是更倾向于寻求与自身兴趣、偏好和需求相契合的独特体验。这一转变，不仅为休闲经济带来了新的发展机遇，同时也对企业提出了更高的要求：如何精准地识别和满足消费者的个性化需求，成为提升竞争力的关键。

在这样的背景下，人工智能（AI）技术的崛起为休闲经济注入了新的活力。特别是智能推荐系统，作为AI的一个重要应用领域，正以其强大的数据处理和分析能力，深刻地改变着休闲经济的市场格局。

智能推荐系统的核心在于对消费者数据的深度挖掘和精准分析。在休闲经济中，这些数据包括但不限于消费者的消费记录、浏览历史、搜索行为、社交媒体互动等。通过对这些数据的综合分析，智能推荐系统能够构建出精细的消费者画像，进而精准捕捉消费者的偏好和需求。

以旅游领域为例，智能推荐系统的应用显得尤为突出。在旅游市场，消费者的需求千差万别，有的人偏爱自然风光，有的人钟情于历史文化，还有的人追求刺激的冒险体验。面对如此多样化的需求，传统的旅游服务往往难以一一满足。而智能推荐系统的出现，为这一问题提供了有效的解决方案。具体来说，智能推荐系统可以根据用户的旅行历史、兴趣爱好、预算以及时间安排等多维度信息，为其定制个性化的旅游路线和活动安排。比如，对于热爱自然的消费者，系统可以推荐一些生态旅游景点或户外探险活动；对于喜欢历史文化的消费者，则可以推荐博物馆、古迹游览等项目。这种个性化的推荐方式，不仅让消费者在众多的旅游选择中轻松找到符合自己需求的产品，还能最大限度提升他们的旅游体验。

除了旅游领域，智能推荐系统在电影、音乐、阅读等休闲活动中也有着广泛的应用。在这些领域，消费者的口味和偏好同样呈现出高度的个性化。智能推荐系统能够通过分析消费者的观看、收听或阅读历史，为他们推荐符合口味的内容，从而极大地丰富了消费者的休闲生活。智能推荐系统的广泛应用，对休闲经济产生了深远的影响。从消费者的角度来看，个性化的推荐服务让他们能够更加方便地找到符合自己需求的产品和活动，提高了休闲活动的满意度和愉悦感。从企业角度来看，智能推荐系统不仅提升了客户满意度，还通过精准营销提高了销售额和客户黏性，从而为企业创造了更大的利润空间。智能推荐系统在应用过程中也面临着一些挑战。例如，数据的收集和处理需要强大的技术支持，同时还需要严格遵守相关的数据保护法规，以确保消费者隐私的安全。此外，智能推荐系统的算法也需要不断优化和更新，以适应消费者需求的变化和市场的发展。

智能推荐系统在休闲经济中的应用正逐步深入，成为满足消费者个性化需求的重要工具。随着技术的不断进步和市场的不断发展，我们有理由相信，智能推荐系统将在未来休闲经济中发挥更加重要的作用，为消费者和企业带来更多的价值。

2.智能客服与服务机器人

智能客服系统作为现代科技与服务行业相结合的产物，在休闲经济领域中正展现出其独特的价值和影响力。该系统不仅运用自然语言处理技术及时、准确地回应消费者的各类咨询和问题，更在提供个性化服务方面表现出色。在旅游行业中，智能客服能够快速提供景点介绍、交通指南、住宿推荐等信息，极大地提升了消费者的旅游体验。同时，智能客服还具备学习能力，能够根据用户的反馈和行为不断优化自身的回答和服务方式，从而更加精准地满足用户需求。现代消费者习惯于通过多种方式与服务商进行沟通，智能客服系统能够无缝对接网页、手机应用、社交媒体等平台，为消费者提供一致且高效的服务体验。这种跨平台的服务能力不仅增强了消费者的满意度，也为企业带来了更多的商业机会。

服务机器人在休闲经济中同样展现出了强大的潜力和应用价值。在旅游景区，导游服务机器人通过先进的自主导航技术和环境感知能力，能够自如地带领游客参观各个景点，并提供详尽的解说服务。这不仅提升了游客的游览体验，也有效缓解了人力导游资源紧张的问题。同时，导游机器人还可以通过高清摄像头和传感器实时感知周围环境，确保游客的安全，为旅游景区提供了更加智能和高效的安全保障手段。在酒店行业，服务机器人的应用同样广泛。它们能够承担接待、引领、送货等多样化任务，为客人提供全天候的服务。这种智能化的服务模式不仅减轻了酒店员工的工作负担，更在提高客户服务效率和质量方面发挥了显著作用。特别是在夜间或繁忙时段，服务机器人能够有效补充人力资源，确保酒店服务的连续性和稳定性。在休闲娱乐场所，如游乐园、电影院等，娱乐互动机器人则通过先进的语音识别和合成技术，为消费者带来了前所未有的互动体验。它们能够与消费者进行对话和游戏，增加了娱乐活动的趣味性和互动性。这种创新的服务模式不仅提升了消费者的满意度和忠诚度，也为休闲娱乐场所带来了更多的商业机会和收益。

小冰作为微软开发的智能对话机器人，在休闲经济中扮演着重要的虚拟助手角色。它利用自然语言处理技术，与消费者进行流畅的对话交流，提供个性化的旅游建议和电影推荐等服务。这种智能化的服务模式不仅提升了消费者的满意度和忠诚度，也为企业带来了更多的商业机会。通过分析消费者的对话内容和行为数据，小冰还能帮助企业更深入地了解消费者需求和市场趋势，为企业的决策提供有力支持。Pepper 机器人在旅游景区中展现出了强大的应用潜力。作为导游机器人，它能够提供导航和解说服务，带领游客参观各个景点并解答相关问题。通过高清摄像头和传感器的实时感知能力，Pepper 还能确保游客的安全游览。此外，Pepper 机器人还能与游客进行互动和交流，提升游客的游览体验和满意度。这种智能化的导游服务模式不仅为旅游景区带来了更多的商业机会和收益，也推动了旅游行业的创新发展。京东 DingDong 作为智能音箱产品，集成了语音识别和智能推荐技术，为消费者提供了便捷的语音交互体验。在休闲经济中，消费者可以通过语音指令查询旅游信息、预订酒店等，享受智能化的休闲生活。同时，京东 DingDong 还能与其他智能家居设备进行连接和控制，为消费者打造更加智能化和舒适的家居环境。这种创新的服务模式不仅提升了消费者的生活品质和满意度，也推动了智能家居行业的快速发展。

3.智能管理与优化

AI 技术在休闲经济的管理和优化方面的实践应用，是一个涉及多个领域、多个层面的复杂话题。在现代休闲经济中，随着信息技术的迅猛发展，AI 技术已经成为推动企业管理和服务创新的重要力量。它不仅在提高服务效率方面表现出色，更通过大数据分析技术，帮助企业实时监控市场动态和消费者行为，为企业决策提供了更为科学、精准的依据。

在景区管理方面，AI 技术的应用正逐步改变着传统的管理模式。面对游客数量的不断增长和旅游需求的多样化，如何有效管理景区资源、提升游客满意度，成为景区管理者亟须解决的问题。在这一背景下，“智慧景区管理系统”应运而生，该系统融合了数据挖掘、机器学习等先进的 AI 技术，通过全面收集并分析游客的入园时间、游览路线、消费习惯等关键数据，实现了对景区运营状态的实时监控和预测。其中，“游客流量预测模型”作为该系统的核心技术之一，利用历史游客流量数据、实时天气信息、节假日因素等多维度数据，构建出复杂的预测模型。这一模型能够准确预测未来一段时间内的游客流量变化趋势，为景区管理者提供了有力的数据支持，以便他们能够根据预测结果提前做好资源调度和服务准备。

除了景区管理，AI 技术在酒店行业的应用也日益广泛。随着酒店业竞争的加剧和消费者对服务质量要求的提高，如何提供更为个性化、高效的服务成为酒店业发展的关键。“智能酒店管理系统”便是 AI 技术在酒店行业的一大应用亮点。该系统集成了大数据分析、自然语言处理等多种 AI 技术，能够实时监控酒店的运营状态，并自动收集、分析客户的入住信息、消费习惯以及服务评价等关键数据。在这些数据的支持下，“客户行为分析模型”得以构建，该模型能够深入挖掘和分析客户的需求和偏好，为酒店提供更为精准的个性化服务建议。这不仅提升了客户的住宿体验，也提高了酒店的服务质量和运营效率。

在休闲娱乐场所，如游乐园、电影院等，AI 技术同样展现出了强大的应用潜力。以游乐园为例，“智能排队管理系统”便是 AI 技术的一大创新应用。该系统通过大数据分析技术，实时监测游乐设施的排队情况，并根据游客的流量和游玩习惯进行智能调度。其核心技术“排队优化算法”能够对历史排队数据进行深度学习和分析，预测未来一段时间内的排队状况，并为游乐园管理者提供科学的调度建议。这不仅有效减少了游客的等待时间，提升了游玩体验，还帮助游乐园实现了资源的最大化利用。

传统的市场营销方式往往依赖经验和直觉，而缺乏科学的数据支持。然而，随着大数据时代的到来，企业可以借助 AI 技术对海量数据进行深度挖掘和分析，从而更准确地把握市场动态和消费者需求。例如，“智能推荐系统”便是 AI 技术在市场营销中的一大应用。该系统能够根据消费者的历史购买记录和浏览行为，构建出精细的用户画像，并为其推荐最合适的旅游产品或娱乐活动。这种个性化的推荐方式不仅提高了消费者的满意度和忠诚度，也为企业带来了更多的商业机会和收益。

除了上述几个方面的应用外，AI 技术还在休闲经济的多个领域发挥着重要作用。例如，在旅游规划方面，AI 技术可以帮助旅游企业制定更为合理、高效的旅游路线和行程安排；在客户服务方面，AI 技术可以提供智能化的客户咨询和投诉处理服务，提高客户满意度；在财务管理方面，AI 技术可以帮助企业实现精细化的财务管理和风险控制等。通过大数据分析、机器学习等技术的综合运用，AI 不仅帮助企业实时监控市场动态和消费者行为，还为其提供了更为精准、高效的决策支持。未来随着技术的不断进步和创新应用模式的涌现，我们有理由相信 AI 将在休闲经济领域发挥出更加巨大的作用，推动整个行业的持续发展和创新。

（二）人工智能对休闲经济的影响

1.提升消费者体验

AI 技术的应用对提升消费者在休闲经济中的体验起到了至关重要的作用。在现代休闲活动中，消费者对于服务的个性化、即时性和趣味性有着越来越高的要求，而 AI 技术的引入正是为了满足这些日益增长的需求。在个性化推荐服务方面，AI 技术通过深度学习和大数据分析，能够精确地洞察消费者的喜好和行为习惯。基于这些洞察，AI 系统可以为消费者提供高度个性化的内容推荐，无论是音乐、电影、书籍还是旅游目的地，都能根据消费者的独特口味进行精准匹配。这种个性化的推荐方式不仅提高了消费者的满意度，还极大地增强了用户黏性，使得消费者在享受休闲服务时更加沉浸和投入。

智能客服的即时响应也是 AI 技术在休闲经济中的一大亮点。传统的客服系统往往存在响应慢、处理效率低等问题，而 AI 驱动的智能客服则能够实时解答消费者的疑问，提供每天 24 小时不间断的服务。通过自然语言处理技术，智能客服能够准确理解消费者的语义，并给出相应的解答或建议。这种即时、准确的服务响应大大提升了消费者的体验，减少了等待时间和沟通成本。此外，服务机器人在休闲经济中也扮演着越来越重要的角色。这些机器人不仅具备高度的人工智能，还能根据消费者的需求提供贴心的陪伴和服务。在游乐园、博物馆等休闲娱乐场所，服务机器人可以引导游客参观、解答疑问，甚至与游客进行互动游戏，为游客带来全新的娱乐体验。同时，服务机器人还可以通过人脸识别、语音识别等技术，为消费者提供更加个性化的服务，如推荐景点、讲解展品等。

除了上述应用外，AI 技术还在休闲经济的多个方面发挥着重要作用。例如，在旅游规划中，AI 可以通过分析消费者的旅行历史和偏好，为其定制独特的旅游路线和活动安排。在购物体验中，AI 可以通过智能试衣间、虚拟试妆等技术，让消费者在购物前就能预览效果，提升购物的便捷性和满意度。

AI 技术的应用还体现在对休闲经济中消费者行为的深入理解和预测上。通过大数据分析，AI 可以洞察消费者的消费习惯、支付偏好以及社交媒体行为等，从而帮助企业更精准地定位目标市场，优化产品和服务。这种数据驱动的决策方式不仅提高了企业的运营效率，还使得消费者的需求得到了更好的满足。更为重要的是，AI 技术在休闲经济中的应用正推动着行业的创新和变革。传统的休闲娱乐方式正在与 AI 技术深度融合，催生出新的商业模式和服务形态。例如，虚拟现实和增强现实技术的结合，使得消费者能够沉浸式地体验各种休闲娱乐活动，如虚拟旅游、在线演唱会等。这些创新的应用不仅丰富了消费者的休闲选择，还为休闲经济注入了新的活力。

尽管 AI 技术在休闲经济中的应用取得了显著的成效，但也面临着一些挑战和问题。如何保护消费者的隐私和数据安全、如何确保 AI 系统的公平性和透明度等，都是需要深入探讨的问题。此外，随着 AI 技术的不断发展，如何培养具备相关技能和知识的人才，以适应休闲经济中 AI 技术的广泛应用，也是一个亟待解决的问题。AI 技术在休闲经济中的应用极大地提升了消费者的体验，从个性化的推荐服务到智能客服的即时响应，再到服务机器人的贴心陪伴，都展示了 AI 技术的巨大潜力。未来，随着技术的不断进步和应用场景的不断拓展，AI 技术将在休闲经济中发挥更加重要的作用，为消费者带来更加便捷、舒适和有趣的休闲体验。同时，也需要关注 AI 技术应用过程中可能出现的挑战和问题，以确保其可持续、健康地发展。

2.推动产业升级

AI 技术不仅显著提高了休闲经济的服务质量，更在推动相关产业升级方面发挥了举足轻重的作用。在现代休闲产业中，AI 技术的引入无疑是一场革命性的变革，它不仅改变了传统服务模式，还为产业的持续发展和创新注入了新的活力。在资源管理方面，AI 技术的应用使得休闲产业能够实现更高效的资源分配和利用。以旅游业为例，景区可以通过 AI 技术对游客流量进行实时监测和预测，从而合理安排导游、观光车等资源，避免资源的浪费或不足。此外，酒店业也可以利用 AI 技术优化房间分配、清洁和维修等流程，提高运营效率和服务质量。

市场营销方面，AI 技术为休闲产业带来了更精准的市场定位和营销策略。传统的市场营销往往依赖广泛撒网的推广方式，效果有限且成本高昂。而 AI 技术可以通过大数据分析，精确洞察消费者的需求和偏好，为企业提供个性化的营销方案。这不仅降低了营销成本，还提升了营销效果和客户转化率。例如，旅游企业可以利用 AI 技术对用户的浏览行为、购买记录等数据进行分析，为用户推荐符合其兴趣的旅游产品，从而提高销售额和客户满意度。在客户服务方面，AI 技术的引入更是为休闲产业带来了革命性的改变。智能客服系统能够实时解答消费者的疑问，提供个性化的服务建议，这大大提高了客户服务的效率和质量。此外，服务机器人也在逐步普及，它们不仅能够为消费者提供贴心的陪伴和服务，还能在紧急情况下提供及时的帮助和支持。这些智能化的服务手段不仅提高了消费者的满意度，还增强了企业的品牌形象和竞争力。

除了上述几个方面，AI 技术还在推动休闲产业的产品创新和业务模式升级方面发挥着重要作用。例如，虚拟现实和增强现实技术的结合，为休闲产业带来了全新的娱乐体验方式。消费者可以通过 VR 设备沉浸在虚拟的旅游场景中，或者通过 AR 技术在现实世界中增添虚拟元素，获得更加丰富多彩的休闲体验。这些创新的产品和服务不仅满足了消费者日益增长的需求，还为休闲产业开辟了新的市场空间。同时，AI 技术的广泛应用也在推动休闲产业供应链的优化和协同。通过大数据分析和智能预测，企业可以更好地协调供应商、分销商和消费者之间的关系，实现供应链的高效运转。这不仅降低了运营成本，还提高了市场响应速度和客户满意度。

AI 技术在提高休闲经济服务质量的同时，也在推动相关产业的升级方面发挥了重要作用。通过引入 AI 技术，休闲产业可以实现更高效的资源管理、更精准的市场营销和更优质的客户服务，从而提升整个产业的竞争力和盈利能力。未来，随着技术的不断进步和应用场景的不断拓展，AI 技术将在休闲产业中发挥更加重要的作用，推动产业的持续创新和发展。同时，也需要关注 AI 技术应用过程中可能出现的挑战和问题，以确保其可持续、健康地发展。

3.创造就业机会

尽管 AI 技术在某些方面取代了人力，引发了关于未来就业的一些担忧，但它同时也催生了全新的就业机会，为就业市场注入了新的活力。特别是在休闲经济领域，随着 AI 技术的广泛应用和不断深化，对于掌握相关技能的人才需求呈现出日益增长的趋势。

在 AI 研发领域，随着休闲产业对智能化服务的需求增加，对于能够开发、优化 AI 算法和模型的人才需求显著上升。这些研发人员不仅需要深厚的计算机科学基础，还需要对休闲产业有深入的了解，以便开发出更加符合市场需求和消费者期望的 AI 产品。他们的努力使得 AI 技术能够更好地融入休闲经济，提高服务质量和效率。

在休闲经济中，大量的用户数据被收集和分析，以便更精准地了解消费者需求和市场趋势。因此，对于能够熟练运用数据分析工具、提取有价值信息的数据分析师需求量大增。他们的工作不仅有助于企业作出更明智的决策，还能推动 AI 技术的进一步发展，实现更精准的服务提供。随着服务机器人在休闲经济中的普及，对于能够维护、修理这些机器人的专业人才需求也日益增加。他们需要具备机械、电子、计算机等多方面的知识，以确保机器人的正常运行和性能优化。这一领域的就业机会不仅为技术人才提供了展示才华的舞台，还推动了机器人技术的持续创新和发展。

除了上述领域外，AI 技术在休闲经济中的应用还催生了许多其他相关的就业机会。例如，在智能旅游规划领域，需要专业人才结合 AI 技术为消费者提供个性化的旅游规划和建议；在智能娱乐设备的设计和开发中，也需要创意和技术并重的专业人才来推动产品的创新和升级。同时，AI 技术的广泛应用还促进了跨行业的合作与交流，为从业者提供了更多的职业发展机会。例如，在休闲产业与医疗、教育等行业的融合中，AI 技术扮演了重要的桥梁角色，为从业者提供了更广阔的职业发展空间和多元化的职业选择。

一方面，随着 AI 技术的不断发展，对于从业者的技能要求也在不断提高，这需要从业者不断学习和更新自己的知识体系以适应新的技术环境；另一方面，我们也需要关注到就业市场的公平性和包容性，以确保所有人都能够平等地分享 AI 技术带来的就业机会和红利。为了应对这些挑战和问题，政府、企业和教育机构需要共同努力。政府可以通过制定相关政策来引导和规范 AI 技术的发展和应用，以确保其符合社会公平和正义的原则；企业可以积极承担社会责任，为从业者提供更多的培训和发展机会；教育机构则需要加强 AI 相关专业的教育和培训力度，为市场输送更多具备相关技能的人才。

尽管 AI 技术在某些方面取代了人力，但它同时也催生了新的就业机会并推动了就业市场的变革。在休闲经济中，AI 技术的广泛应用为掌握相关技能的人才提供了更多的就业机会和发展空间。面对这一变革，我们需要积极应对挑战和问题，确保所有人都能够平等地分享 AI 技术带来的红利并实现个人价值的最大化。

第二节　数字化对休闲经济产业链的重塑

一、数字化对休闲产品与服务的影响

（一）数字化对休闲产品的影响

数字化技术为休闲产品的创新和多样化提供了强大的支持。传统的休闲产品，如图书、音乐、电影等，在数字化的推动下，呈现出了更加丰富多彩的形式。例如，电子书、数字音乐、网络电影等新型休闲产品不断涌现，为消费者提供了更多的选择。

这些数字化休闲产品具有便携、易获取、可定制等特点，满足了现代人对休闲娱乐的个性化需求。

此外，数字化还为休闲产品的智能化和个性化提供了可能。借助大数据、人工智能等技术，休闲产品能够根据消费者的喜好和行为习惯进行智能推荐和个性化定制。例如，音乐播放软件可以根据用户的听歌记录推荐相似的曲目，电子书阅读器可以根据用户的阅读习惯调整字体大小和背景颜色等。这些智能化功能极大地提升了休闲产品的使用体验，使得消费者能够更加方便地获取自己感兴趣的内容。

（二）数字化对休闲服务的影响

数字化对休闲服务的影响同样显著。首先，数字化提升了休闲服务的便捷性。通过互联网和移动应用，消费者可以随时随地预约和购买休闲服务，无须到店或通过电话进行烦琐的咨询和预订。例如，旅游服务平台可以提供一站式的旅游规划、机票酒店预订、景点门票购买等服务，为消费者节省了大量的时间和精力。

其次，数字化增强了休闲服务的互动性。借助社交媒体、在线论坛等渠道，消费者可以与其他用户分享自己的休闲体验，提出改进建议，甚至参与休闲服务的开发和设计。这种互动性不仅提升了消费者的参与感和归属感，还为休闲服务提供商提供了宝贵的用户反馈和市场信息。

最后，数字化还推动了休闲服务的创新发展。虚拟现实、增强现实等技术的引入，使得休闲服务呈现出了更加多元化和沉浸式的体验。例如，VR 游戏和 AR 导览等新型休闲服务形式，让消费者能够身临其境地感受虚拟世界的魅力，为休闲娱乐注入新的活力。

（三）数字化对休闲产业的整体影响

从整体来看，数字化对休闲产业产生了深远的影响。首先，数字化推动了休闲产业的转型升级。传统的休闲产业在数字化的推动下，不断引入新技术和新模式，提高了服务质量和效率。同时，数字化也催生了新的休闲业态，如网络直播、短视频等，为休闲产业注入了新的增长点。

其次，数字化促进了休闲产业的全球化发展。通过互联网和社交媒体等渠道，世界各地的休闲产品和服务可以迅速传播和推广到全球范围内。这不仅为消费者提供了更多的选择机会，还为休闲产业带来了更广阔的市场空间和商业机会。

最后，数字化也带来了休闲产业竞争格局的变化。传统的休闲企业需要重新审视自身的业务模式和竞争优势，积极拥抱数字化变革，以适应新的市场环境。同时，新兴的数字化休闲企业也需要不断创新和完善自身的产品和服务，以满足消费者日益增长的需求和期望。

数字化对休闲产品与服务产生了深远的影响，不仅改变了人们的休闲方式和习惯，还推动了休闲产业的创新和发展。在未来，随着技术的不断进步和应用场景的不断拓展，我们有理由相信数字化将继续引领休闲产业迈向更加繁荣和多元化的新时代。

二、数字化对休闲营销与传播的影响

（一）消费者行为分析

数字化技术使得企业能够更加准确地跟踪和分析消费者的行为，这一变革为企业带来了前所未有的市场洞察力和竞争优势。下面，我们将详细阐述企业如何利用数字化技术实现消费者行为的跟踪与分析，以及如何通过这一过程优化市场营销策略，提高销售额和客户满意度。

实践的第一步是数据的收集。企业通过互联网和社交媒体等渠道，可以广泛地收集用户数据。这些数据包括但不限于用户的浏览记录、搜索历史、购买记录、评论与反馈等。在这一过程中，企业应确保数据的合规性，即遵循相关法律法规，保护用户隐私，并在收集数据前获得用户的明确同意。

收集到原始数据后，接下来的步骤是数据的清洗和整理。由于原始数据中可能包含大量的噪声和无效信息，因此需要通过数据清洗来剔除这些干扰因素，以确保数据的准确性和有效性。数据整理则是将清洗后的数据按照特定的格式和结构进行组织，以便后续的分析和挖掘。

数据清洗和整理完成后，企业可以利用数据分析工具对消费者行为进行深入挖掘。这包括识别消费者的消费习惯、购买意向、产品偏好等。例如，通过分析用户的购买记录，企业可以发现哪些产品最受消费者欢迎，哪些产品的销售额在逐年增长，从而调整产品策略，满足市场需求。

在数据分析的基础上，企业可以进一步利用机器学习等技术进行消费者行为预测。通过构建预测模型，企业可以预测消费者的未来购买意向和需求变化，从而提前做出市场布局和产品调整。这种预测能力对于企业把握市场先机、提高市场竞争力具有重要意义。

有了对消费者行为的深入理解和预测能力后，企业便可以制定更加精准的市场营销策略。例如，根据消费者的兴趣和需求，企业可以推出定制化的产品和服务，这样能够提高消费者的购买意愿和满意度。同时，企业还可以利用社交媒体等渠道进行精准广告投放，将产品信息准确地传递给目标受众。

在实践过程中，企业还需要不断地对策略进行调整和优化。通过实时监测和分析市场营销活动的效果，企业可以及时发现并解决问题，以确保营销策略的有效性。同时，企业还可以利用 A/B 测试等方法对不同的营销策略进行对比分析，找出最优方案，提高市场营销的投入产出比。

除了以上提到的步骤外，企业在实践过程中还应注重团队的建设和协作。一个高效的数据分析团队需要具备丰富的数据分析经验、敏锐的市场洞察力和强大的技术实力。通过团队成员之间的紧密协作和信息共享，企业可以更加高效地利用数字化技术进行消费者行为的跟踪与分析。

（二）精准营销

数字化技术使得精准营销成为可能，这一变革彻底改变了传统营销方式，使得企业的推广活动更具针对性和效益。借助互联网和大数据分析，企业可以更加精确地找到潜在客户，并将推广信息传递给他们，从而提高广告的点击率和转化率。下面，我们将详细阐述企业如何利用数字化技术实现精准营销。

在实践精准营销之前，企业需要构建一个完善的数据收集和分析系统。这个系统不仅要能够收集用户的各种数据，包括浏览历史、购买记录、搜索行为等，还要具备强大的数据分析能力，能够从海量数据中提炼出有价值的信息。数据的来源可以是企业的官方网站、移动应用、社交媒体账号等，只要在这些平台上嵌入数据追踪代码，就可实时捕捉用户的行为数据。

数据收集完毕后，接下来的关键步骤是用户画像的构建。用户画像是根据用户数据提炼出的一个标签化的用户模型，它可以帮助企业更深入地理解用户需求和行为习惯。在构建用户画像时，企业需要综合考虑多个维度，如用户的年龄、性别、地域、职业、收入水平、消费习惯等。通过给用户打上这些标签，企业可以更加准确地把握目标受众的特征，为后续的精准营销奠定基础。

有了用户画像作为基础，企业就可以开始进行精准营销的策划和实施。首先，企业需要根据用户画像来筛选潜在客户。通过对比用户画像中的标签与企业的目标客户特征，企业可以迅速识别出那些最有可能对产品或服务感兴趣的潜在客户。这一步骤可以大大提高营销的针对性和效率，避免资源的浪费。

接下来，企业需要设计个性化的广告和推荐系统。这些广告和推荐需要根据用户的兴趣和需求进行定制，以确保信息的相关性和吸引力。例如，对于喜欢旅游的用户，企业可以推送与旅游相关的优惠信息和攻略；对于经常购买电子产品的用户，企业可以推荐最新的科技产品和促销活动。这种个性化的推送方式可以显著提高广告的点击率和转化率。

在实施精准营销的过程中，企业还需要注重广告渠道的优化。不同的用户群体可能偏好不同的信息获取渠道，因此企业需要根据用户画像来选择合适的广告投放平台。例如，对于年轻人群体，社交媒体和短视频平台可能是更有效的投放渠道；而对于中老年人群体，电视广告和新闻媒体可能更具影响力。通过选择合适的广告渠道，企业可以确保广告信息能够触达目标受众。

除了个性化的广告和推荐系统外，企业还可以通过营销自动化工具来提高精准营销的效率。这些工具可以帮助企业自动执行营销活动，如自动发送邮件、短信或推送通知等。通过营销自动化，企业可以在合适的时间向用户传递合适的信息，从而提高营销的效率和用户的响应率。

在实施精准营销的过程中，持续的优化和调整也是必不可少的。企业需要定期分析营销活动的效果，包括广告的点击率、转化率、用户反馈等指标。根据这些分析结果，企业可以及时调整营销策略和广告内容，以确保营销活动能够持续产生良好的效果。

最后，企业需要注重保护用户隐私和数据安全。在收集和使用用户数据的过程中，企业必须遵循相关的法律法规和道德准则，以确保用户的个人信息受到妥善保护。同时，企业还需要建立完善的数据安全管理制度，防止数据泄露和滥用等风险。

（三）品牌形象塑造

数字化技术改变了品牌塑造的方式，它赋予企业与消费者之间更为紧密与即时的互动能力。过去，企业主要依赖传统媒体如电视、广播、报纸等进行品牌宣传，但这种方式往往是单向传递信息，难以获得消费者的即时反馈。现在，借助互联网和社交媒体，企业能够与消费者进行实时互动，这不仅提高了品牌的可见度，而且还能使品牌形象更为生动和具体。

在实践数字化品牌塑造的过程中，企业需要明确自己的品牌定位和价值观，这是品牌塑造的基石，也决定了企业与消费者沟通的内容和方式。品牌定位明确后，企业应进行深入的市场调研来了解目标受众的需求和偏好，以便在后续的社交媒体互动中更好地满足他们的期望。

企业可以选择适合的社交媒体平台进行品牌宣传。不同的社交媒体平台有着不同的用户群体和特点，所以企业需要根据自身的品牌定位和目标受众来选择合适的平台。例如，如果目标受众主要是年轻人，那么选择微博、抖音等平台更为合适；如果目标受众是专业人士，领英等平台更有针对性。

选择好社交媒体平台后，企业需要制定具体的社交媒体营销策略。这包括确定发布内容的主题、频率和形式，以及如何与消费者进行互动等。内容的质量是吸引和留住消费者的关键，所以企业需要投入足够的资源来策划和制作高质量的内容。这些内容既可以是与产品相关的教程、使用技巧，也可以是行业内的热点话题讨论，甚至是与品牌价值观相关的故事分享。

发布内容的同时，企业还需要积极回应消费者的评论和问题。这种互动既能够增强消费者对品牌的信任感，还能够帮助企业及时了解消费者的需求和反馈，从而调整自己的产品和服务。在回应消费者时，企业应保持友好、专业的态度，及时解决问题，展现品牌的良好形象。

除直接的社交媒体互动外，企业还可以通过举办线上活动、发起话题挑战等方式来提高品牌的曝光度和参与度。例如，可以举办线上抽奖活动，鼓励消费者分享自己的使用体验，从而扩大品牌的影响力。或者发起与品牌相关的话题挑战，让消费者在参与的过程中更深入地了解品牌文化和价值观。

在数字化品牌塑造的过程中，数据分析也是不可或缺的一环。企业需要定期分析社交媒体上的数据，包括粉丝数量、互动量、转化率等指标，以便了解营销策略的效果，并及时进行调整。这些数据能帮助企业评估当前的营销效果，还能为未来的营销策略提供有价值的参考。

此外，企业还需要关注社交媒体上的口碑管理。消费者在互联网上的评价和反馈对品牌形象有着直接影响。所以，企业需要定期监测社交媒体上的舆论走向，及时发现并处理负面评价，维护品牌的良好形象。在处理负面评价时，企业应保持开放和诚实的态度，积极与消费者沟通并寻求解决方案。

企业需要持续优化自己的数字化品牌塑造策略。随着市场环境的变化和消费者需求的升级，企业需要不断调整自己的营销策略以适应新的形势。这包括更新社交媒体平台的选择、调整发布内容的主题和形式、优化与消费者的互动方式等。通过持续的优化和调整，企业可以保持自己的品牌在数字化时代的竞争力和活力。

（四）市场调研

数字化技术为市场调研领域带来了革命性的变革，它极大地提高了调研的效率和精度。在数字化时代背景下，企业可以借助互联网平台，对广大消费者实施在线调研，这种方式突破了传统调研在时间和空间上的限制，使得数据收集变得更加方便快捷。在实践数字化市场调研时，企业可以利用多元化的在线工具来设计和发布问卷。例如，借助专业的在线问卷设计平台，企业可以根据自身需求，灵活地设置问卷答题，调整问卷逻辑，甚至可以针对不同受访群体展现不同的问卷内容。这样的设计不仅提升了问卷的针对性，也增加了数据收集的精准度。

问卷发布后，通过互联网的传播力量，企业可以迅速触及目标受众。无论是通过社交媒体分享、电子邮件发送，还是嵌入企业官网或 App 中，都能够有效地将问卷推送给潜在受访者。这种广泛的覆盖能力，是传统调研方式难以比拟的。

在数据收集阶段，数字化技术使得每一份问卷的反馈都能实时记录并汇总。这不仅避免了纸质问卷可能出现的丢失或损坏问题，还大大缩短了数据整理的时间。企业可以随时查看问卷的填写情况，对数据的完整性和有效性进行实时监控。数据收集完毕后，数字化工具提供了强大的数据分析功能。利用这些工具，企业可以对数据进行多维度的剖析，包括但不限于受访者的年龄、性别、地域分布，以及他们对产品或服务的偏好、购买习惯等。这些深入的分析有助于企业更准确地把握市场动态和消费者需求。

除了问卷调查，数字化技术还提供了其他丰富的调研手段。社交媒体分析就是其中之一。通过对消费者在社交媒体上的言论、情绪以及互动行为进行分析，企业可以洞察到消费者的真实想法和态度。这种基于用户生成内容（UGC）的分析方法，为市场调研提供了更为真实、自然的数据来源。在数字化市场调研的实践中，企业还需注意数据的保护和合规性问题。随着数据保护法规的日益严格，企业在收集和处理个人数据时，必须遵守相关法律法规，以确保数据的合法性和安全性。

数字化市场调研不仅提高了调研的效率和准确性，还为企业带来了更为丰富的数据维度和更深入的消费者洞察。然而，这也对企业的数据处理和分析能力提出了更高的要求。为了充分利用这些宝贵的数据资源，企业需要不断加强自身的数据分析能力，或者与专业的数据分析机构合作，共同挖掘数据的潜在价值。通过充分利用这些技术工具，企业可以更加精准地把握市场动态，了解消费者需求，从而为企业的战略规划和产品开发提供有力的数据支持。在未来的市场竞争中，掌握数字化市场调研方法的企业无疑将拥有更大的竞争优势。

（五）数据分析

数字化技术的迅猛发展，使得数据分析在营销决策中的地位日益凸显。在大数据的驱动下，企业能够深入探索用户数据与市场信息的内涵，揭示出潜藏在纷繁数据背后的运行规律和未来趋势。这一转变，不仅提升了市场洞察的深度与广度，更为营销策略的制定提供了科学、精准的依据。

在实践数据分析辅助营销决策的过程中，企业首先需要构建一个完善的数据收集系统。这个系统应该能够全面、实时地捕捉与用户行为、市场动态相关的信息，包括但不限于用户浏览记录、购买历史、搜索关键词等。这些数据是企业进行后续分析的基础，其质量直接影响到分析结果的准确性和有效性。数据收集完毕后，接下来的步骤是数据清洗和预处理。由于原始数据中可能包含大量的噪声、异常值或重复信息，因此需要通过数据清洗来剔除这些干扰因素，以确保数据的纯净度。同时，为了方便后续的数据分析工作，还需要对数据进行适当的预处理，如数据转换、特征提取等，以便更好地揭示数据间的关联性和规律性。

完成数据清洗和预处理后，企业可以开始进行深入的数据分析工作。这包括但不限于描述性统计分析、关联规则挖掘、聚类分析、时间序列预测等多种方法。通过这些分析手段，企业可以全面了解用户的行为特征、消费习惯以及市场动态，从而发现潜在的市场机会和消费者需求。例如，通过关联规则挖掘，企业可以发现哪些商品经常被同时购买，进而制定捆绑销售策略；通过时间序列预测，企业可以预测未来一段时间内的销售趋势，以便及时调整库存和供应链管理策略。

数据分析的结果不仅可以指导企业制定前瞻性的营销策略，还可以对过去的营销活动进行回顾和评估。通过对历史营销数据的分析，企业可以了解哪些策略是有效的，哪些策略需要改进或调整。这种基于数据的反馈机制有助于企业不断优化自身的营销策略组合，提高营销效率和投资回报率。

除了上述的数据分析过程外，企业还需要建立一套完善的数据可视化系统。通过将数据分析结果以直观、易懂的图表或报告形式呈现出来，企业可以更加清晰地了解市场现状和趋势，以便作出更加明智的决策。同时，数据可视化也有助于企业内部各部门之间的沟通和协作，以确保营销策略的顺利实施。

在实践过程中，企业还需要注意数据安全和隐私保护的问题。随着数据量的不断增长和数据类型的多样化，如何确保数据的安全性和隐私性成了一个亟待解决的问题。企业需要建立完善的数据安全管理制度和技术防范措施来确保数据的安全性和完整性。同时，在收集和使用用户数据时也要严格遵守相关的法律法规和道德规范以确保用户的隐私权得到充分的保护。

第五章　数据在休闲经济中的创新应用与展望

第一节　数据驱动的休闲产品创新

一、用户需求洞察

在大数据时代，企业能够通过收集和分析海量用户数据，更深入地了解用户的真实需求和偏好。这些数据包括用户的搜索记录、购买历史、社交媒体互动、在线行为等，它们揭示了用户的消费习惯、兴趣点以及潜在需求。通过数据挖掘和机器学习技术，企业可以识别出用户需求的模式和趋势，从而为产品创新提供有力的市场导向。

基于用户需求的洞察，企业可以开发出更加符合市场需求的产品，或者在现有产品上进行有针对性的改进。这种以用户为中心的产品创新方法，不仅提高了产品的市场接受度，还增强了企业的竞争力。

二、个性化产品定制

大数据的另一个重要应用是实现个性化产品定制。通过对用户数据的细致分析，企业可以为每个用户或用户群体提供定制化的产品解决方案。这种个性化定制不仅体现在产品的外观设计上，还深入产品的功能、性能和服务层面。例如，在服装行业，企业可以利用大数据技术分析消费者的身材数据、购买记录和时尚偏好，为他们提供合身且符合个人风格的服装定制服务。在汽车行业，通过分析用户的驾驶习惯、行驶路线和车辆使用状况，企业可以为用户提供更加个性化的汽车配置和智能驾驶解决方案。

三、预测性维护与服务创新

大数据在产品的预测性维护和服务创新方面也发挥着重要作用。通过对产品运行数据的实时监测和分析，企业可以预测设备的故障时间和维护需求，从而提前进行维护干预，避免生产中断和损失。这种预测性维护模式不仅提高了设备的运行效率，还降低了维护成本。同时，基于大数据的服务创新也为企业带来了新的增长点。企业可以利用用户数据提供增值服务，如个性化推荐、定制化解决方案、远程故障诊断等。这些服务不仅增强了用户对产品的依赖和黏性，还为企业创造了新的收入来源。

四、供应链管理优化

大数据在供应链管理中的应用也为企业产品创新提供了有力支持。通过对供应链各环节的数据进行实时收集和分析，企业可以优化库存管理、物流运输和供应商协作等流程，以确保产品在正确的时间、正确的地点以正确的数量出现。这种高效的供应链管理不仅降低了运营成本，还提高了产品的市场响应速度和灵活性。

综上所述，大数据驱动的产品创新体现在用户需求洞察、个性化产品定制、智能产品开发与优化、预测性维护与服务创新以及供应链管理优化等多个方面。这些创新不仅提高了产品的市场竞争力和用户满意度，还为企业带来了持续增长的动力和竞争优势。

第二节　数据在休闲服务优化中的应用

一、数据驱动的客户需求分析

在休闲服务领域，了解客户需求是提供个性化服务的基础。通过收集和分析客户的历史行为数据，如消费记录、浏览偏好、搜索历史等，企业可以构建出精细的客户画像。这些数据不仅揭示了客户的兴趣爱好和需求，还为企业制定个性化的服务策略提供了有力支持。例如，一家在线旅游平台通过分析用户的搜索和预订记录，发现某一类用户群体对户外探险活动有特别偏好。基于此，平台可以有针对性地推出更多户外探险旅游线路，并结合用户画像进行精准营销，从而提高用户满意度和转化率。

二、数据在服务质量提高中的应用

数据不仅在了解客户需求方面发挥着作用，还在提高服务质量方面扮演着重要角色。通过实时监测和分析服务过程中的各项数据，如客户等待时间、服务响应速度、客户满意度调查等，企业可以及时发现服务中的瓶颈和问题，并进行有针对性的改进。以电影院为例，通过收集观众的观影数据，如观影时间、座位选择、购票方式等，电影院可以优化排片计划，提高座位利用率。同时，根据观众的反馈数据，电影院还可以改善观影环境，提高服务质量，从而吸引更多观众。

三、数据驱动的个性化推荐系统

在休闲服务中，个性化推荐系统的应用越来越广泛。这些系统利用大数据和机器学习技术，根据用户的历史行为和偏好，智能地推荐相关内容和服务。这不仅提高了用户体验，还促进了服务的个性化和多样化。以音乐流媒体平台为例，它们通过分析用户的听歌记录和偏好，为用户推荐符合其口味的音乐列表。这种个性化推荐不仅增加了用户的黏性和满意度，还帮助平台更好地了解用户需求，优化音乐库和推荐算法。

四、数据在供应链管理中的应用

对于休闲服务行业来说，高效的供应链管理也是提高服务质量的关键。通过数据分析，企业可以优化库存管理、物流配送和采购策略，以确保所需物资的及时供应，降低运营成本，并提高客户满意度。例如，一家连锁咖啡店通过分析各门店的销售数据和库存情况，可以预测未来一段时间内的咖啡豆和牛奶等原材料的需求量。这有助于企业提前采购和储备物资，避免缺货或浪费现象的发生，从而确保门店的正常运营和客户满意度。

第三节　数据驱动的休闲经济未来展望

一、数据驱动下的个性化休闲体验

在未来的休闲经济中，数据将助力企业提供更加个性化的服务。休闲企业将通过大数据分析，深入了解消费者的偏好、需求和行为模式，从而为消费者量身打造独特的休闲体验。例如，旅游业可以通过分析游客的旅行历史、消费习惯和评价反馈，为每位游客推荐最符合其兴趣和预算的旅游路线和活动。同时，休闲场所如电影院、健身房等，也可以根据会员的历史消费数据和反馈，提供定制化的服务和建议。

二、数据在优化休闲资源配置中的作用

数据的精准分析将帮助休闲产业更合理地配置资源。通过实时监测和分析各休闲场所的客流量、使用率和消费者满意度等数据，企业可以及时调整服务项目和人员配置，以提高运营效率和客户满意度。例如，主题公园可以根据游客的入园时间、游玩项目和消费情况，优化游乐设施的开放时间和人员安排，以确保游客能够享受到最佳的游玩体验。

三、数据助力休闲产业创新

在数据的驱动下，休闲产业将不断推出新颖、有趣的休闲产品和服务。通过对消费者行为和市场趋势的深入分析，企业可以及时发现并抓住新的商机。例如，虚拟现实和增强现实技术的兴起为休闲产业带来了全新的发展机遇。通过收集和分析用户在使用这些技术时的数据和反馈，企业可以开发出更加沉浸式和交互式的休闲产品，以

满足消费者不断升级的体验需求。

四、数据驱动的营销策略优化

数据将在休闲产业的营销策略中发挥核心作用。通过大数据分析，企业可以精准地识别目标客户群体、了解他们的消费习惯和兴趣偏好，从而制定更加有效的营销策略和推广活动。例如，社交媒体平台上的用户行为数据可以帮助企业定位潜在消费者，并通过定向广告和内容营销吸引他们参与休闲活动。此外，数据还可以帮助企业评估营销活动的效果，及时调整策略以提高投资回报率。

五、数据驱动的休闲产业协同发展

在数据的连接下，休闲产业将实现更加紧密的协同发展。不同休闲企业之间可以通过数据共享和合作，共同打造更加完善的休闲生态圈。例如，旅游业可以与餐饮业、零售业等其他相关行业进行数据互通，为消费者提供一站式、全方位的休闲服务体验。这种协同发展不仅可以提高消费者的满意度和忠诚度，还有助于休闲产业的整体升级和发展。

六、数据安全保障与隐私保护

随着数据在休闲经济中的广泛应用，数据安全和隐私保护问题也日益凸显。未来，休闲产业将更加重视数据的安全性和合规性，采取更加严格的加密技术和隐私政策来保护消费者的个人信息和数据安全。同时，政府和相关监管机构也会加强对休闲产业数据使用的监管力度，以确保数据的合法、合规使用。

参考文献

[1]杨颖．基于城市休闲指数的玉溪旅游休闲城市评价研究[J]．玉溪师范学院学报，2024，40(3)：87-93．

[2]郭鑫，郑伟民，黄利瑶．基于时空轨迹聚类算法的城市休闲地动态交互特征研究[J]．旅游学刊，2024，39(4)：28-39．

[3]马龑君．乡村产业振兴下安徽省合肥市休闲农业发展研究[D]．长沙：中南林业科技大学，2023．

[4]陈云浩．内江市东兴区乡村旅游业发展问题及对策研究[D]．雅安：四川农业大学，2023．

[5]张爱霞．基于大数据挖掘的兰州市休闲旅游业态空间格局及其驱动机制研究[D]．兰州：西北师范大学，2023．

[6]魏翔．从城市“抢人大战”看人文与休闲[J]．小康，2023(12)：22-23．

[7]蒋欢．冷水滩区休闲农业发展问题及对策研究[D]．长沙：中南林业科技大学，2023．

[8]王志颖．休闲对劳动生产率的影响研究[D]．呼和浩特：内蒙古大学，2023．

[9]郑姗姗．长三角城市群居民生活质量对休闲经济发展的影响研究[D]．镇江：江苏大学，2023．

[10]邵新云．精神经济理论视角下夜间经济的运行机制研究[D]．南京：南京艺术学院，2023．

[11]杨干生．中国特色的制度设计与创新[M]．北京：光明日报出版社：2023(6)：213．

[12]任妍钰．武汉市城乡结合部休闲农业用地效率及其影响因素研究[D]．武汉：华中农业大学，2023．